AF484938

المُتخيّل الشِّعري

المفهوم والمرجعية والرؤى

صباح الدبي

المُتخيَّل الشِّعري
المفهوم والمرجعية والرؤى

إصدارات دائرة الثقافة، حكومة الشارقة 2023 م

الناشر: دائرة الثقافة ـ حكومة الشارقة ـ الإمارات العربية المتحدة

الهاتف: 5123333 6 971+

البرّاق: 5123303 6 971+

الموقع الإليكتروني: www.sdc.gov.ae

البريد الإليكتروني: sdc@sdc.gov.ae

811.00915

د ص. م

الدبي، صباح

المتخيل الشعري : المفهوم والمرجعية والرؤى : دراسة / صباح الدبي .ـ الشارقة، الإمارات العربية المتحدة : دائرة الثقافة، 2023.

220 ص؛ 21X14 سم.

يشتمل على ارجاعات ببليوجرافية

1 ـ الخيال في الشعر العربي

2 ـ الشعر العربي ـ تاريخ ونقد ـ العصر الحديث

أ ـ العنوان

ISBN: 9789948799504

أسئلة المتخيل الشعري..
أسئلة الشعر وجوهره

يسعى كتاب، الباحثة والشاعرة صباح الدبي، «المتخيل الشعري: المفهوم والمرجعية والـرؤى»، إلى استقصاء مفهوم «المتخيل الشعري»، وبحث أصوله النظرية ومرجعياته، متتبعة مسالك الرؤى القرائية في محاولة للإمساك بصيغ وتجليات مفاهيمية، خصوصاً أن أسئلة المتخيل الشعري أمست في ديدن أسئلة الدراسات النقدية الحديثة. إن ما يقترحه كتاب الباحثة صباح الدبي، هو محاولة لإعادة النظر في صيغ المفهوم، وكيف تمت دراسته وتقديمه في محاولة لفك شفراته الدلالية والتداولية، مع الوعي بما يفتحه من شمولية في بنيته الداخلية ورؤيته الاستشرافية.

وتبدو أهمية إصدار كتاب، يتناول مفهوم المتخيل الشعري، من خلال مرجعياته ورؤاه، وأيضاً في محاولة لضبط مفاهيمي، خصوصاً مع حقل الشعريات ونظريات الخطاب وما تفتحه من آفاق قرائية جديدة. ولعل بلاغة الاستقراء تكمن في ربط «المهاد النظري»، في مراجعة تقع ضمن سياق «نقد النقد»، كي تنطلق إلى مستويات استقرائية ومقاربة لمتون نصية شعرية عربية. إن هذه

الفاعلية والنزوع القرائي هو ما يجعل من محاور، هذا الكتاب، سعياً حثيثاً لاستكناه آليات وطرائق اشتغال هذا المتخيل الشعري ضمن أنماط ربط المفهوم نفسه، بالمنجز النصي المتحقق، والذات الشاعرة ووجودها الترميزي.

يتجه كتاب الباحثة صباح الدبي إلى تبني أطروحة تشتغل نظرياً في رهان «على مقاربة الإمكانات المعرفية والمنهجية التي يمنحها المُتخيَّل، والتي تتجاوز المنزع البلاغي والبُعد الاستعاري، (...) لما كان موضوع هذه الدراسة مرتبطاً بالإحاطة بالإطار النظري للمُتخيَّل الشعري في انتظار تطبيقاته مستقبلياً على المنجز الإبداعي، فقد كان لزاماً علينا إثارة الإشكالات التي يطرحها هذا المفهوم من خلال إثارة أصوله المفهومية وجذوره اللغوية وأشكال تداوله». إن هذا المنحى، هو ما سعت الدراسة إلى تتبع وضع المتخيل الشعري في «خطابات أخرى»، في سياق البحث عن علاقته بالأثر الشعري.

ونظراً للتحولات المستمرة، التي خضع لها مفهوم «المُتخيَّل الشعري»، فقد آلت الباحثة أن ترصد وتستقصي كافة التعريفات للمفهوم، بحثاً عن شعرية المُتخيَّل، وهو ما يفتح راهناً على فاعلية حيوية، تجعل هذه الدراسة محاولة إحاطة وتحديد إطار نظري لمفهوم المُتخيَّل الشعري. ولعل التشكيل النصي للقصيدة الشعرية، عبر ما تثيره من أنساق لغوية، هو ما يجعل من صور وأنماط «المتخيل الشعري» كائناً جوهرياً في الاقتراب من بلاغة النص الشعري. وعياً بما يطرحه، سياق التوجه نحو: مناطق الإيجاز والتكثيف والرؤى المغايرة للمعنى والإيحاء واستراتيجيات التشكيل البصري واللغة.

هذا النزوع من المتخيل الجمالي إلى الشعري، إلى جماليات ما يطرحه النص الشعري في الأساس، من دلالات رؤيوية ومنهجيات في طرق التوليد النصي والاستعاري. إن شعرية المتخيل، بما تقترحه عوالم النصوص الشعرية، يفيدنا في رصد شبكات من العلاقات، بين اللغة وذات الشاعر وكينونته واللغة والأفعال والعلاقة بالأشياء وأسئلة البعد الأنطولوجي. وهكذا يصبح المتخيل الشعري، باباً آخر، للانفتاح على مقاربات النص الشعري ورصد مكامن إخصابه. ولعل قدرة الشعر، على إعادة «صياغة العالم» واعتماداً على كافة الـ«شعريات»، وفقاً لما يتغياه الشاعر أفقاً لنصه، وبالإضافة إلى أنماط الصورة الشعرية، كحركة فاعلة في النص بمرجعياتها الحداثية، والتي تستمد قوتها من مرجعيات مختلفة، هو ما يعطي لمفهوم «المتخيل الشعري» هذا الامتداد في الدلالة والتعدد، سعياً إلى تشكيل جديد للمتخيل الشعري.

كتاب الباحثة والشاعرة، صباح الدبي، يقع ضمن هذه المساحة «نقد النقد» في محاولة لمقاربة وإضاءة مفهوم المتخيل الشعري، والبحث في أنماط مراجعاته، قديماً وحديثاً. لكنه يطرح، في نفس الآن، إشكالاً يتعلق بمفهوم إجرائي حديث الاستقراء والمقاربة في مجال الدراسات والأبحاث النظرية، إلى جانب ارتباطه، المفاهيمي، بمرجعيات معرفية، وهو ما دفع إلى تعدد إبدالات المفهوم وتقاطعه مع مكونات من سياقات مختلفة، بحثاً في أنماط المقاربة عن الجوهر التخييلي للشعر.

عبد الحق ميفراني
(دار الشعر بمراكش)

إهـداء

إلى روح والدي..

حضورها يُطفئ الغياب

إلى أمي..

مَنفذي المُضِيء على العَالم.

مقدمة

إن الحديث عن المُتخيَّل الشعري بما يطرحه من صعوبة إجرائية، وما يفرضه وضعه المفهومي من شبكات لامتناهية تصله بجذوره اللغوية، وأصوله الفلسفية والإبستمولوجية، وتجلياته الأدبية والنقدية، يدعونا إلى خوض مغامرة البحث بكلِّ ما تقتضيه من مفاجآت مُحتمَلة، وصعوبات مرتقبة، تُنبِئ بطريق قرائي متشابك يُفضِي بنا إلى عوالم لامحدودة تتراوح بين الكشف والحجب، وتفتح السُّبل مُشرعةً لمساءلة هذا المفهوم، وبحث أصوله النظرية والمرجعية.

لقد أصبح سؤال «المُتخيَّل الشعري» محور اشتغال الدراسات النقدية المعاصرة في إطار تتبعها للعملية الإبداعية، والاستجابة لنزوع الراهنية والتجريب الذي من شأنه أن يضيء عوالم القراءة، ويعدد أشكال مساءلة الخطاب، ويعيد النظر في الأدوات الإجرائية، وفي المناهج النقدية التي عملت على توصيفه، وفكِّ شفراته البنيوية والدلالية والتداولية. ونظراً لبنية هذا المفهوم الأنطولوجية، ولِمَا يتَّسم به من شمولية وفاعلية، ومن قدرة على احتواء الانسكاب النصي الذي يفرضه نظام العلامات، والرموز، والصور، والتركيبات

11

النفسية والمعرفية والجمالية، فقد كان له من الحظوة ما جعله يستأثر بمجالات البحث، لا سيما وهو ينبني على الرؤية الاستشرافية، والحركية المتحولة التي تتناسب مع طبيعة الخطاب.

وإذا كان الطابع الحيوي المتجدد هو ما يميز النصوص الإبداعية، فهذا مرده إلى جوهرها التخييلي الذي يميزها عن كافة أنواع الخطاب، لذلك فإن تتبع هذا الجوهر، هو جزء من آليات المغامرة القرائية، نظراً لما يتميز به من حركية واستعصاء على الحد والحصر ضمن أنشطة الإدراك الذهني.

لا يخفى على الباحث في حقل الشِّعرية ونظريات الخطاب، أهمية ما طرحته المباحث المُهتمَّة بالمُتخيِّل الشِّعرِي، وما فتحته من آفاق قرائية جديدة، تُسائل المُعطَى النَّصِّي الإبداعي بوصفه سيرورة حياة، وحالة تجدُّد مُتواصلة، من أجل ذلك، تأتي هذه الدراسة في إطار مشروع متكامل نروم من خلاله مقاربة المتون الشعرية العربية المعاصرة من منافذ مُتخيِّلها، وكشف آليات وطرائق اشتغال هذا المُتخيِّل، متجاوزين بذلك الرؤى القِرائية التي ارتبطت في كثير من مُحصِّلاتها بالنزوعات الاستعارية والبلاغية والشكلية البنيوية، التي فصلت في كثير من الأحيان الوجود النَّصِّي الشِّعري عن الذَّات الكاتبة، وعن وُجودها المُتخيِّل الذي تخلقه الأنا عبر الاشتغالات الترميزية، وعبر أشكال تعاطيها مع وجودها اللغوي الذي يحيا بالتخييل، وقد ارتأينا أن تكون هذه الدراسة اشتغالاً نظرياً يراهن على مقاربة الإمكانات المعرفية والمنهجية التي يمنحها المُتخيِّل، والتي تتجاوز المنزع البلاغي والبُعد الاستعاري، وما يرتبط بأفعال الاستعادة

وإعادة الإنتاج، حين يتعلَّق الأمر بالظَّاهرة الخيالية، وتركن خلافاً لذلك، إلى النُّزوع الحيوي الذي يجعل من المُعطَى الإبداعِي كوناً لا يتوقف عن التَّوسُّع، لتكون بعد ذلك في دراسات مُقبلة مدخلنا لكشف العوالم المُتخيَّلة للنصوص الشعرية، ويأتي ذلك من موقع انخراطنا في الشأن الثقافي واهتمامنا بالمنجز الشعري العربي، وحرصنا على الإفادة مما يمنحه البحث في المُتخيَّل من إمكانات هائلة لتتبع العوالم المُتخيَّلة اللامتناهية للنصوص الشعرية، لا سيما وأن تطبيقاتها ظلت مرتبطة بشكل لافت في معظم النقود بجنس السرد.

لما كان موضوع هذه الدراسة مرتبطاً بالإحاطة بالإطار النظري للمُتخيَّل الشعري في انتظار تطبيقاته مستقبلياً على المنجز الإبداعي، فقد كان لزاماً علينا إثارة الإشكالات التي يطرحها هذا المفهوم من خلال إثارة أصوله المفهومية وجذوره اللغوية وأشكال تداوله في مباحث الفلاسفة المسلمين الذين تأثروا بما أصَّلته المباحث الفلسفية اليونانية، كما تتبعنا وضعه الجوهري في الخطاب الصوفي الذي احتفى بعظمته وقُدرته الخلَّاقة، واعتبره مسلكاً عجيباً لبلوغ الحقيقة ولإدراك الوجود، وفي سياق البحثِّ عن علاقتّه بالأثَر الشّعري عرضنا آليات اشتغاله عند النقاد العرب القدامى، ووقفنا عند استئثار هذه المدوَّنة النقدية بالمقبولية المنطقية، وبالنظر العقلاني المُوجِّه لاشتغال الخيال، وبعيداً عن هذه المقاربة المُحاصَرة بحدود المحاكاة، سيتخذ البحث في الظاهرة الخيالية مساراً آخر في النظريات النقدية الغربية، يُعيد النظر في حدود الشرط العقلاني، ويركز على فاعلية الإبـداع، وذلـك مـن خـلال التحوُّل الفـارق الـذي دشَّنته المباحث

الرومانسية وامتدادات أثرها إلى التصورات الرمزية والسوريالية، وإلى الأطروحة الظاهراتية التي اعتمدت في بناء تصورها للخيال على مفهوم القصدية.

ولما كان اشتغالنا يروم تتبع الوضع الحيوي المتجدد لاشتغال المُتخيَّل الشعري، فقد أثارتنا التحولات الفارقة التي احتفت بفاعلية الصور وتحولاتها وارتباطها بعوالم الحلم في مباحث غاستون باشلار؛ وعلى أساس تصوراته التي أسقطت التعارض بين المعرفة العلمية والخيالية، سيبني جيلبير دوران نسقه النظري القائم على الطبيعة التوليدية والمُتجدِّدة للصور، وعلى دينامية الخيال واشتغاله النسقي من خلال تفاعله بالشرط الطبيعي البيولوجي والثقافي للإنسان، ونظراً للتحولات المستمرة التي يخضع لها البحث في المُتخيَّل، فقد جاءت مباحث جان بورغوس في شعرية المُتخيَّل، لاختبار مدى قابلية هذه الصور – بالنظر إلى طابعها الحيوي – للخضوع لنظام النمذجة بما قد يطرحه من معيارية تصنيفية جديدة، مستفيداً من الطَّرح الذي انطلق منه دوران، ومُراهِناً في بنائه لشعرية المُتخيَّل على راهنية الصور، ومستقبلها المفتوح على التَّجدُّد المستمر، وعلى الممكن والمُحتَمل مُتجاوزاً المنحى الأنثروبولوجي الذي يُعيدُها إلى جذورها الضاربة في المُشترَك الإنساني.

إن البحث في المُتخيَّل الشعري يفتح راهن الصورة على ممكنها ومُستقبلها، ويُبقِي على الفاعلية الحيوية التي تجعل الأثر الشعري في وجوده المُتخيَّل، حالة انبثاقية تخلُقها الكتابة والقراءة على السَّواء، مما يضعنا أمام إشكالية العلاقة بين النظرية والممارسة، ويجعلنا

مُهيَّئَين لمُفاجآت الأثر الشعري بما هو كونٌ لا حصرَ لحدوده، ولا توقُّف لحيوية صُوَره، ولِفتنة مُتخيَّلِه.

هذه الدراسة التي راهنّا من خلالها على الإحاطة بالإطار النظري لمفهوم المُتخيَّل الشعري، ستكون في دراسات مستقبلية منفذنا إلى العوالم المُتخيَّلة للأثر الشعري، وستسمح لنا باقتراف مغامرة الكشف عن الطبيعة الحيوية والمتجددة لانبناء النصوص في كل كتابة وقراءة مفترضتين، والله ولي التوفيق.

الفصل الأول:

مفهوم المُتخيَّل..
الأصول والمرجعيات

1 – المُتخيَّل الشعري.. أصول المفهوم:

1.1 – سؤال المُتخيَّل.. الجدوى والأهمية:

إن الحديث عن المُتخيَّل الشعري بما يطرحه من صعوبة إجرائية، وما يفرضه وضعه المفهومي من شبكات لامتناهية تصله بجذوره اللغوية، وأصوله الفلسفية والإبستمولوجية، وتجلياته الأدبية والنقدية، يدعونا إلى خوض مغامرة البحث بكلِّ ما تقتضيه من مفاجآت مُحتَمَلة، وصعوبات مرتقبة، تُنبِئ بطريق قرائي متشابك يُفضِي بنا إلى عوالم لامحدودة تتراوح بين الكشف والحجب، وتفتح السُّبل مُشرعةً لمساءلة هذا المفهوم، وبحث أصوله النظرية والمرجعية.

لقد أصبح سؤال «المُتخيَّل الشعري» محور اشتغال الدراسات النقدية المعاصرة في إطار تتبعها للعملية الإبداعية، والاستجابة لنزوع الراهنية والتجريب الذي من شأنه أن يضيء عوالم القراءة، ويعدد أشكال مساءلة الخطاب، ويعيد النظر في الأدوات الإجرائية، وفي المناهج النقدية التي عملت على توصيفه، وفكِّ شفراته البنيوية والدلالية والتداولية. ونظراً لبنية هذا المفهوم الأنطولوجية، ولِمَا يتَّسم به من شمولية وفاعلية، ومن قدرة على احتواء الانسكاب النصي

الذي يفرضه نظام العلامات، والرموز، والصور، والتركيبات النفسية والمعرفية والجمالية، فقد كان له من الحظوة ما جعله يستأثر بمجالات البحث، لا سيما وهو ينبني على الرؤية الاستشرافية، والحركية المتحولة التي تتناسب مع طبيعة الخطاب.

إن تتبع تاريخ نظريات الخطاب، يجعلنا نقف عند التنوع اللامحدود الذي يَسِم طبيعة الاشتغال على النص الأدبي، وعلى هذا الفيض الهائل من المرجعيات التي تستند إليها هذه النظريات في مساءلتها للنصوص، وهذا يُحيل إلى الأهمية البالغة التي تكتسيها النصوص الإبداعية بوصفها مادة زئبقية تستعصي على القبض، وبوصفها مجالاً مغناطيسياً مُتحرِّكاً تخلقه الأبنية اللغوية، والفضاءات الصورية، والبنيات السطحية والعميقة، يمارس كل أشكال الجذب، غير أنه لا يُفضِي بكل أسراره. ولا يسعنا المجال هنا لتتبع مختلف هذه النظريات، وكشف مكامن إصابتها هدف القراءة من عدمه، ولكن يمكن القول على سبيل التمثيل لا الحصر، إن المقاربات النقدية التي شكلت محطة متقدمة ضمن سلسلة من التجارب النقدية التاريخية، التي راهنت على البُعد اللغوي للنص ـ باعتباره نسقاً من الرموز والعلامات والأبنية المغلقة، فضلاً عما جاء بعدها من المناهج التي اختزلت مجال الجذب النصِّي في خطاطات وعلامات وأدوات صارمة هي محور تشكُّله وتجلِّيه ـ قد أدركت خطورة هذا المجال، وقصورها عن بلوغ كل ما ابتغته من أهداف نصية قرائية رغم نجاعتها في كثير من الجوانب، فالبنيوية مثلاً «كانت استراتيجية بحث مميزة وهامة، وهي لا تزال مستمرة على نحو ما في بعض البحوث العلمية الحديثة الواعدة جداً

في الألسنية والذكاء الاصطناعي، ويمكن لها على هذا الأساس أن تكون مفيدة في تقديم نظريات موضوعية في الأدب، غير أنها تبقى قائمة على نموذج ألسني قاصر يعاني مما أدعوه بؤساً منطقياً، الأمر الذي يجعلها بحاجة إلى ضرب من التطوير والتنقيح الجذريين»[1].

إن نظريات الخطاب التي انطلقت من البنية النصية المغلقة، وراهنت على اللغة باعتبارها المادة الخام التي تؤسس الوجود النصي، تعرضت – رغم الإنجاز الكبير الذي حققته في هذا المجال – إلى سيلٍ من النقد مردُّه إلى الطبيعة الميكانيكية الجافة التي تحوّل سيرورة النص المتحركة، وتمثُّلاته الظاهرة والخفية، إلى معادلات رياضية وبيانات إحصائية، قد تُفرِغ العمل من روحه الإبداعية، لتُبقي على جسده اللغوي الأجوف. ويمكن التمثيل لذلك بدراسة ياكوبسون التطبيقية في مقاربته لقصيدة «القطط» لبودلير، «ولا شك أن ياكوبسون قد وقع في شيء من الميكانيكية العقيمة في إغراقه بالوصف الأسلوبي الذي يقوم على رصد إحصائي شامل لكل أبنية النص النحوية والبلاغية وكل تركيباته اللغوية، مما جعل بعض دراساته مجرد بيانات إحصائية لما ينضمه النص من هذه التراكيب التي يفتّرض ياكوبسون أنها تشرح لنا أسباب الإبداع الفني. ومن ذلك دراسته لإحدى قصائد بودلير، وهي دراسة شاركه فيها ليفي شتراوس، ولم يتركا في هذه الدراسة أي تركيب داخل القصيدة إلا ورصداه ولم يحاولا التمييز بين ما هو ذو أثر فني، وما هو تركيب عادي»[2].

لقد حدا ذلك بكثير من المهتمين بشعرية النص الإبداعي، إلى اقتراح بدائل قرائية أخرى من شأنها أن تستجيب لطبيعة النص

المتحركة، من خلال الانطلاق من القارئ إلى النص، وليس من النص إلى القارئ، بعد عملية تناغم متبادل بينهما قائمة على التأثير والتأثر، «ولم يقع ريفاتير في غلطة الرصد الميكانيكي؛ لأنه أدرك أن القارئ لا يستجيب فعلياً إلى كل أبنية القصيدة. ولذلك فإنه ليس من الضروري أن نرصد (كل) بنية شعرية فيها. وأي بنية لا تحدث أثراً في القارئ فهي بنية غير مؤهلة للرصد»[3]، وهذا يكشف عن حاجة النصوص بوصفها مجالاً للجذب المتجدد، إلى مجال قرائي لا يقل عنها جذباً وتجدداً وقابلية للتوليد.

إن طرح سؤال المُتخيَّل الشعري يدعونا إلى البحث في كل تفريعاته، وأصوله الفلسفية والإبستمولوجية واللغوية، ما دام يرتبط بشكل جوهري بالظاهرة الخيالية وطبيعة علاقاتها بالعملية الإبداعية؛ فالخيال والتخيل والتخييل وكل ما تفرع عنها من مفاهيم ومصطلحات، تُنبِئ رغم تعددها وتنوع مرجعياتها، على ارتباطها بالجانب الباطني للنفس الإنسانية، وعلى خروجها من رَحِم الحركات الذهنية لقوى الإدراك النفسي، فما يجري في مواطن مُوغلة في عمق النفس، يستدعي طاقة خاصة وفريدة من شأنها تحويله إلى عمل فني، إذ إن «الجوانب الخفية والغامضة في عالمنا الروحي والحياة الباطنية لمشاعرنا العميقة، لا يمكن للغة العادية توصيلها ولا التعبير عنها. إنها تعاش ولا توصل؛ والخيالي الفني، بما هو تجربة معيشة، يمثلها وينتمي إليها؛ لأنه يعبر من خلال لغة رمزية هي عينها حالة مما يتعذر عن القول. وتوجد بمقولها الذي لا يمكن لأي لغة واصفة أن تترجمه إلى شفرتها الخاصة»[4].

إن النص الإبداعي وليد هذا النشاط التخييلي المتشابك الذي تتضافر في تحريكه مجموعة من العوامل، وهو نتاج لشبكة من التفاعلات بين النص والمبدع والقارئ. وبذلك، فإن الارتباط الوثيق بين الظاهرة الإبداعية والظاهرة الخيالية، يُحِيل إلى أهمية هذا المنحى القرائي، وعلى استئثاره بمجال اهتمام المساءلة النقدية التي تضرب جذورها في القِدم – وإن كانت حديثة التناول بمفاهيمها الإجرائية وبنياتها المصطلحية – فقد أفاضت الأبحاث الفلسفية والنقدية القديمة والحديثة في تتبع هذه الظاهرة الخيالية، وتمييز مختلف عناصرها، وتحديد طبيعة موقعها ضمن قوى الإدراك النفسي، ومدى تأثيرها وتأثرها، بل وضرورتها في عمليات التفكير والإبداع والاعتقاد «أما التخيُّلُ فهو شيء متميز عن الإحساس والتفكير، ولو أنه لا يمكن أن يوجد بدون الإحساس، وأنه بدون التخيُّل لا يحصل الاعتقاد»[5].

ثم إن الحديث عن الشعر وعن مصادر نشأته، عادة ما كان يخضع عند العرب لتفسيرات خرافية تُحِيل إلى قوى غيبية تتحكَّم في الذات الشاعرة، وتملي عليها من عظيم القول، وسحر العبارة ما يُنبِئ بساعرينها، فقد شاع عندهم أن لكل شاعر فريناً، وأن الشّعر لا ينقاد إلا لمن خضع لسلطان هؤلاء القرناء وانفردوا به، بل إن مقاييس الجودة والفساد رهينة بما يمليه هؤلاء، فقد «ذكر أن رجلاً أتى الفرزدق فقال: إني قلت شعراً فانظره، قال: أنشد، فقال: (البسيط)

وَمِنْهُم عَمْرُو المَحْمُودُ نَائِلُهُ   كَأَنَّمَا رَأسُهُ طِينُ الخَوَاتِيمِ

قال: فضحك الفرزدق، ثم قال: يا ابن أخي! إن للشعر شيطانين

يدعى أحدهما الهوبر والآخر الهوجل، فمن انفرد به الهوبر جاد شعره، وصح كلامه، ومن انفرد به الهوجل فسد كلامه، وإنهما قد اجتمعا لك في هذا البيت، فكان لك الهوبر في أوله فأجدت، وخالطك الهوجل في آخره فأفسدت»[6] .

لذلك، كان النظر إلى الشعر باعتباره نشاطاً تخييلياً مرتبطاً بالذات الشاعرة، وبطبيعة الحركات الذهنية المتحكمة في قوى الإدراك، سبيلاً للتخلص من هذا التفسير الخرافي الذي يُعيق كل نظرة حكيمة موغلة في عمق البحث الموضوعي، ومدركة للطبيعة العلائقية المتشابكة والناظمة للفعل الإبداعي، وقد جاءت أبحاث الفلاسفة المسلمين في هذا المجال باعتبارها نقلة علمية موضوعية للنظر في قوى الإدراك وكشف طبيعتها وأهمية النشاط التخييلي في مجالات الفكر والإبداع على السواء.

إن ما يميز النصوص الإبداعية الشعرية هو قدرتها العجيبة على التحليق، وامتلاكها طاقات هائلة تجعلها تتجدد باستمرار، وهذا سر ما تحدثه من أثر ومتعة، وسبب كل رغبة حثيثة في خوض مغامرات الكشف عنها، وتتبع انحرافاتها وتجاوزاتها، ومحاولة بلوغ سقفها، «إن حرارة النص (والتي من غيرها لا يوجد نص في النتيجة) ستكون إرادته في المتعة، هنا بالذات حيث يفرط في الطلب، ويتعدى الثغثغة، ويحاول أن يتجاوز النعوت، وأن يخرق سيطرتها، فهي أبواب اللغة التي ينفذ عبرها المُتخيَّل والأيديولوجيا بدفق كبير»[7] .

وإذا كان هذا الطابع الحيوي المتجدد هو ما يميز هذه النصوص، فهذا مرده إلى جوهرها التخييلي الذي يميزها عن كافة أنواع الخطاب،

لذلك فإن تتبع هذا الجوهر، هو جزء من آليات المغامرة القرائية، نظراً لما يتميز به من حركية واستعصاء على الحد والحصر ضمن أنشطة الإدراك الذهني. لقد فطن الفلاسفة الأوائل إلى هذه الطبيعة الحركية التي تميز التخييل، وتجعله خارج مدار الحد والحصر، وطبيعي أن ينسحب هذا الجوهر الحركي على الأثر الشعري الموجود بقوة التخييل وفعله على السواء، ففي معرض التمييز بين الشعر والخطابة، أدرك ابن سينا هذا الجوهر الحركي الذي يتميز به التخييل الذي يستعمله الشعر، خلافاً للتصديق الذي تعتمده الخطابة «(...) لكن الخطابة تستعمل التصديق، والشعر يستعمل التخييل. والتصديقات المظنونة محصورة متناهية يمكن أن توضع أنواعاً ومواضع. وأما التخييلات والمحاكيات فلا تحصر ولا تحد. وكيف، والمحصور هو المشهور أو القريب! والقريب والمشهور غير كل ذلك المستحسن في الشعر، بل المستحسن فيه المخترع المبتدع»[8].

من الواضح إذن أن العلاقة بين الأثر الشعري وجوهره التخييلي، عميقة وذات طابع تكويني، فتتبع السيرورة المتناسلة لبنيات النص الشعري، وانفتاحه الدائم على الممكن والمحتمل، واللانهائي، سيتم لا محالة بتتبع هذا الجوهر ذي الطبيعة المشابهة، والتي تسمح بإمكانات التوليد النصي، كما تتيح احتمالات الكشف المتواصل، بما يجعل البحث في مُتخيَّل الآثار الشعرية رحلة لانهائية قائمة على المفاجآت.

1.2 – المُتخيَّل الشعري.. إشكالية المفهوم:

إذا كان المُتخيَّل – باعتباره مفهوماً إجرائياً وآلية دقيقة لتحليل

الخطاب ــ حديث التداول في مجال الدراسات، والأبحاث النظرية والنقدية التي تناولت النص الإبداعي، فإن جذوره اللغوية ومرجعياته النظرية والفلسفية ضاربة في القدم، ومرتبطة بشكل جوهري بالعملية الإبداعية باعتبارها نشاطاً تخييلياً، يجد تجلياته في الأبنية اللغوية والصورية وأنساق العلامات والرموز التي تكون جسد النص، وتفتح القراءة على الممكن والمحتمل.

إن الاقتراب من هذا المفهوم دعانا إلى العودة إلى الجذور اللغوية لنجد أنفسنا أمام شبكة دلالية تتوزع بين معاني الوهم والظن والشكل والطيف والظل، حيث لا يخرج استعمال مادة «خَيَّلَ» في لسان العرب عن هذه المعاني التي تشير إلى واحدية المدلول رغم تعدد دواله[9].

لا يوغل المدلول اللغوي المصاحب لكلمة «الخيال» في إمكانات من شأنها أن تُحيلنا إلى عمليات ذهنية متشابكة، وإلى مناطق خاصة من الإدراك لها فاعليتها في تشكيل ما يصل إليها من عوالم الحس، بقدر ما يقف عند العتبات اللغوية السطحية والمرتبطة ارتباطاً وثيقاً بالشكل والهيئة والظل، لذلك يمكننا القول إن التصور الشكلي الظاهر هو المهيمن على الصيغة الدلالية العامة للأصول اللغوية للكلمة، غير أن تفريعاتها اللغوية الأخرى، لا سيما كلمة «تخيل»، اقترنت أحياناً بمعانٍ تُحيل إلى ما كان وما لم يكن، وهي بذلك تقترب من دلالات الاشتغال على الصور الواردة، وإعادة ترتيبها وتشكيلها لتوافق ما كان في الوجود وما لم يكن، وقد جاءت مرادفة

لكلمة «التوهم» «(...) وتوهَّم الشَّيءَ تخيَّلهُ وتمثَّله كان في الوجودِ أم لم يَكُن، وقالَ توهَّمت الشيء وتفرَّسته وتوسَّمته وتبيَّنته بمعنًى وَاحد(...) والله عزَّ وجل لا تُدركهُ أوْهَامُ العبادِ»[10].

إن إحالة هذه الكلمة إلى الموجود والمعدوم، ارتبط في الاستعمال اللغوي للنصف الأول من القرن الثالث الهجري، بمعاني الوهم والكذب والمخادعة، وما يعتور النفس الإنسانية من حالات الانحراف عن اليقين وحالات المرض، بما يشي بالرؤية القدحية والدونية التي لا يمكن أن ينتج عنها شيء ذو شأن، فالأمر لا يتعدى حالات سيكولوجية تشوش على الفهم السليم والتام، ويمكن نعتها بالآفة، ففي معرض القياس والبرهان على وجود جواهر الأشياء يتساءل الجاحظ: «(...) هل كان عندنا في ذلك قول مقنع والدليل الذي به تثلج الصدور؟! وهل عندنا في استطاعة الناس أن يولدوا مثل ذلك، إلا بأن يعرض هذا القول على العقول السليمة والأفهام التامة، ونرده إلى الرسل والكتب؟! فإذا وجدنا هذه الأمور كلها نافية له، كان ذلك عندنا هو المقنع. وليس الشأن فيما يظهر اللسان من الشك فيه والتجويز له، ولكن ليرده إلى العقل، فإنه سيجده منكراً ونافياً (له)، إذا كان العقل سليماً من آفة المرض ومن آفة التخبيل»[11].

لقد ظل الخيال جزءاً مقابلاً للعقل، واقعاً في الطرف الدوني، لابساً لبوس الخِسَّة بما ينجم عنه، فإذا كان العقل يرتبط بالآليات البرهانية والقياسية التي من شأنها أن تعين على إدراك جواهر

الأشياء وحقائقها، فإن التخييل ـ باعتباره الأثر الناتج عن فعل التخيل ـ ليس سوى ضربٍ من ضروب الشك والحيرة، والأفعال المنافية للعقل المنبوذة من كل فهم تام وسليم. وبذلك، لا فاعلية ترجى منه، لاعتماد مواضيعه على الظنون والاعتقادات الباطلة والخواطر الفاسدة «والتخبيل ضروب: تخبيلٌ من المِرَار، وتخبيل من الشَّيطان، وتخبيل آخر كالرجل يعمِد إلى قلبٍ رطْبٍ لم يتوقّحْ وذهن لم يستمرَّ، فيَحْمِله على الدقيق وهو بعْدُ لا يفي بالجليل، ويتخطَّى المقدّمات متَسكِّعاً بلا أَمَارة، فرجع حسِيراً بلا يقين، وغبَرَ زَمَاناً لا يعرف إلا الشكوك والخواطرَ الفاسدة، التي متى لاقت القلبَ على هذه الهيئة، كانت ثمرتها الحيرة. والقلب الذي يفسُد في يومٍ لا يداوى في سنة، والبناءُ الذي يُنقض في ساعة لا يبنى مثله في شهر»[12].

انتبه عدد من الباحثين إلى أن هذه الدلالات اللغوية المرتبطة بكلمة «خيال»، والتي لا تجاوز معاني الشكل والهيئة والظل، تُحيل إلى مادة الخيال وتفتقر إلى دلالات من شأنها أن تلقي الضوء عليه باعتباره ملكة ذهنية، ذلك «أن بعض الدلالات القديمة لكلمة «الخيال» تشير إلى ما نسميه الآن بالصورة الذهنية، أي إنها تشير إلى مادة الخيال لا إلى ملكة الخيال نفسها»[13].

غير أن كلمة «التخيل» يمكن أن ترتبط بمعاني الصورة، وما تُحيل إليه من إمكانات التأليف والترتيب بين عناصر المدركات الحسية، دون الوقوف فقط عند انطباعها ونسخها، لتتجاوز بذلك عتبة الشكل والهيئة والظل، فإذا كانت المعاني القديمة المرتبطة بكلمة «خيال» تقف عند هذه العتبات، فإن «ثمة مادة لغوية هامة هي «التخيل» وتلك

28

هي التي يمكن أن نعدها بمثابة المقابل الدقيق لكلمة (imagination) التي تدل على عملية التأليف بين الصور وإعادة تشكيلها»[14].

وفي معرض استعارته لمصطلح «المخيال الاجتماعي» من علم الاجتماع المعاصر، يعود محمد عابد الجابري إلى اشتقاقاته اللغوية الأولى، ويُقرُّ بصعوبة وجود مقابل عربي دقيق، مما يُحِيل إلى اتساعه وصعوبة القبض على دلالاته، وانتقال ما ارتبط به من كلمات «التخيل» و«التوهم» إلى مرحلة المصطلح الفلسفي مع الفلاسفة المسلمين في سياق المباحث النفسية لملكات الإدراك، يقول في هذا الصدد: «كلمة «Imaginaire» من الكلمات التي لا نجد لها مقابلاً مألوف الاستعمال في اللغة العربية، والكلمة مشتقة من «image» بمعنى صـورة: صـورة الشيء في المرآة أو في النفس، أي في الخيال. ومن هنا ترجمة الفلاسفة العرب القدماء للاسم الذي يطلق على الملكة الذهنية التي ترتسم فيها صور الأشياء الحسية والمُتخيَّلة بلفظ المصورة تـارة، والمخيلة تـارة أخـرى، وأحيانـاً يستعملون الاسم اليوناني معرباً هكذا: فنطاسيا (....) وبالفرنسية والإنجليزية (imagination) الملكة الذهنية التي بها يستحضر الذهن صـور الأشياء. أما لفظ «Imaginaire» (خيالي) فهو في الأصل وصف لما لا يوجد إلا في المخيلة كالعنقاء والغول والشخصيات الأسطورية... غير أن هذا الوصف يستعمل أيضاً بمعنى عام كاسم موصوف ويقصد به عالم الخيال، ما تنتجه المخيلة وميدان التخييل. ولهذا يترجم بعض الكتاب العرب هذا المصطلح بـ«المُتخيَّل الاجتماعي» وهي ترجمة لا تفي بمضمون المفهوم كاملاً»[15].

2 – الأصول والمرجعيات الفلسفية:

2.1 – أصول المفهوم عند الفلاسفة المسلمين:

إن التأريخ لنظريات الخيال وما ارتبط بها من مباحث، يُحيل المتتبع إلى المرجعيات الفلسفية الأولى لهذا المفهوم، فمجمل الدراسات تشير إلى انتقاله إلى مرحلة المصطلح الفلسفي، حيث شكلت المباحث الفلسفية العربية الأولى بوادره البنائية، ومهدت لانتقاله إلى حقل الدراسات النقدية والبلاغية، لذلك فإن النصوص الفلسفية الأولى التي أرخت للتلاقح الفكري والمعرفي بين الثقافة العربية واليونانية من خلال الترجمة والشروح، لها من الأهمية، ما جعلها المنفذ الأول والعميق لسبر أغوار الفكر الإنساني، ولكشف ما خَبِرته المباحث الفلسفية اليونانية، والاجتهاد في نقله إلى البيئة المعرفية العربية، لذلك فالنقول الفلسفية الأولى هي الحجر الأساس الذي سيشكل فيما بعد المرجعية النظرية للفلاسفة العرب المتأخرين في قراءتهم للتراث اليوناني، وتعميق اشتغالهم على عدد من القضايا الفكرية والمعرفية، بل واهتداء بعضهم إلى ما خفي عن المعلمين الأوائل، ويُحِيلنا البحث في موضوع الخيال وما تفرع عنه، إلى ما أثاره الكندي في رسائله في معرض ذكره للمصطلحات العربية التي تقابل كلمة «فنطاسيا» اليونانية، ليسهم بذلك في إلقاء الضوء على الدلالة الاصطلاحية العربية لهذه المقابلات «التوهم هو الفنطاسيا، قوة نفسانية مدركة للصور الحسية مع غيبة طينتها؛ ويقال: الفنطاسيا، وهو التخيل، وهو حضور الأشياء المحسوسة مع غيبة طينتها»[16].

إن ما يشي به تـلازم كلمتي «توهم» و«تخيل» الواردتين

باعتبارهما مقابلين عربيين لكلمة «فنطاسيا» هو هذا التعدد الواضح الذي طبع عمليات النقل من اليونانية إلى العربية؛ ففي معرض الحديث عن هذه القوى المسؤولة عن إدراك الصور وإعادة تركيبها، تتعدد المرادفات العربية، ولا تستقر على حال واحدة، وهذا يُنبِئ بما طبع اللحظة المعرفية التاريخية التي تلاقح فيها الفكر اليوناني بالفكر العربي، وما شهدته أعمال الترجمة من تضارب واضح للمصطلح الفلسفي، وما نجم عن ذلك من كثرة تعددت معها إبدالات المفهوم وتناسلت دواله ومدلولاته، ورغم هذا التضارب الذي تُفهم مبرراته بالنظر إلى طبيعة اللحظة المعرفية العربية، وبداية تشكل المصطلح الفلسفي بكل ما تحمله البدايات من عثرات وهنات، فإن ما يحسب لها هو هذا الحرص الحثيث على استغوار هذه المباحث المهمة، وعلى الاستفادة من مخزون التراث الفلسفي اليوناني ونقل نفائسه إلى البيئة العربية.

فطن الفلاسفة المسلمون إلى أهمية قوى النفس المسؤولة عن التخييل، وما يحدث فيها من تفاعلات تفضي إلى عوالم لامتناهية، وانتبه بعضهم إلى العلاقة الناظمة لهذه القوى مع السلوك الإنساني وما يرتبط به من انفعالات، بما يمكن أن يُعدَّ لبنة أولى في بناء التصور العام لنظرية الخيال الإنساني وعلاقته بالشعر، مستفيدين بذلك مما أصلته الأبحاث الفلسفية اليونانية، ولافتين إلى ما غاب عنها من إمكانيات التفاعل بين النظرية الشعرية والأبحاث النفسية؛ فإذا كان المقابل العربي الذي أورده الكندي لكلمة «فنطاسيا» يُحِيل إلى «حضور الأشياء المحسوسة بعد غيبة طينتها»، ويقف عند وظيفة

الاستحضار لما وقر في الذهن من محسوسات، فإن الفارابي يعتبر أن «المُتخيّلة هي التي تحفظ رسوم المحسوسات بعد غيبتها عن الحس، وتركب بعضها إلى بعض، وتفصل بعضها عن بعض في اليقظة والنوم، تركيباتٍ وتفصيلاتٍ بعضها صادق وبعضها كاذب. ولها مع ذلك إدراك النافع والضار، واللذيذ والمؤذي، دون الجميل والقبيح من الأفعال والأخلاق»⁽¹⁷⁾ .

لقد أثار – في معرض حديثه عن القوة المُتخيّلة وعلاقتها بالمحسوسات – وظائف أخرى تتجاوز حالات الاستحضار إلى التركيب وإعادة التشكيل، بما يعلن عن الطبيعة العميقة والمتشابكة التي تَسِم فعل التخيل الناجم عن نشاط القوة المُتخيّلة، وبما يكشف بشكل واضح عن تأثيرها في القوة النزوعية لدى الإنسان، وهذا من شأنه أن يثري البحث في التعالق الناظم لوظيفة هذه القوة الباطنة والمنحى السيكولوجي، فضلاً عن الفاعلية التي يكتسيها فعل التخيل وما ينجم عنه. لقد أفاد الفارابي من مباحث الفلسفة اليونانية، لا سيما ما أقرّه أرسطو في كتابه «فن الشعر» عن المحاكاة باعتبارها محور العملية الشعرية، وعن التخيل في كتاب «النفس» باعتباره ملكة لها تأثيرها الكبير على المستوى السيكولوجي، واستطاع أن يجد الخيط الرابط بين «التخيل» و«المحاكاة»، فقد أفاض أرسطو في الحديث عن كل منهما في مجاله المنفصل، «ولكن أرسطو لم يربط بين ما قاله عن التخيل وما قاله عن المحاكاة. أما الفارابي فإنه تفهم فكرة المحاكاة في ضوء علم النفس الأرسطي، فأصبح التخييل هو أساس علم الشعر وجوهره، وتفهم قدرة المحاكاة على التحسين والتقبيح في ضوء ما قاله المعلم الأول عن خضوع النفس للتخيل، فأصبحت غاية الشعر

قرينة الإثارة النفسية، التي يحدثها فعل التخيل في نفس المتلقي»[18].

انتبه الفلاسفة المسلمون إذن إلى هذا الأثر الذي يحدثه فعل التخيل في النفس، وإلى أهميته وفاعليته في إعادة تشكيل ما يَرِد على المُتخيِّلة من مدركات بشكل تتشابك معه العلاقات، وتستعيد حالات تبنيُنها، متخطية كل الحدود التي يرسمها الحس ويتقيد بها، وكاشفة عن قدرة لامتناهية على تجاوز الحس رغم ارتباطها به، حيث يصبح لها أمر بسط النفس نحو أمر، أو قبضها عنه بالنظر إلى قدرتها على التصرف في الصور الواردة على نحو عجيب؛ ففي فصل حديثه عن الشعر الذي قوامه التخييل أقر ابن سينا أن «القياسات الشعرية من مقدمات مخيلة. وإن كانت مع ذلك لا يصدّق بها، لكنها تبْسُط الطبع نحو أمرٍ وتقبضه عنه، مع العلم بكونها كاذبة كمن يقول: لا تأكل هذا العسل فإنه مِرَّةٌ مقيِّئةٌ، والمرة المقيئة لا تؤكل، فيوهم الطبع أنه حق مع معرفة الذهن بأنه كاذب فيتقزز عنه. وكذلك ما يقال بأن هذا أسدّ وهذا بدر فيُحسَّس به شيء في العين مع العلم بكذب القول»[19].

إن البحث في قوى الإدراك ارتبط عند الفلاسفة بالمباحث النفسية التي اهتمت بالنفس الإنسانية وقواها الظاهرة والباطنة، وجعلت لمختلف هذه القوى مـداراً تدور حوله، وتتصل به في شبكة من العلائق يُفضِي بعضها لبعض، ويخرج بعضها من بعض، فقد ميزوا بين ملكات الإدراك الظاهر والباطن، وتتبعوا تفريعاتها ومستوياتها ووظائفها المسؤولة عن الإدراك الذهني العام، وفي معرض هذا التصنيف، ركز ابن سينا على الأهمية الكبيرة للقوة المُتخيِّلة، وعلى فاعليتها وقدرتها على إمساك ما يتم إدراكه بملكات أخرى دونها،

فالحس المشترك[20] ـ وهو قوة من قوى الإدراك ـ ليس بمقدوره إمساك مدركاته دون تدخل القوة المُتخيِّلة «فهذه القوة التي تسمى الحس المشترك وهي مركز الحواس، ومنها تتشعب الشعب، وإليها تؤدي الحواس، وهي بالحقيقة هي التي تحس، لكن إمساك ما تدركه هذه هو للقوة التي تسمى خيالاً، وتسمى مصورة وتسمى مُتخيِّلة، وربما فرق بين الخيال والمُتخيِّلة بحسب الاصطلاح، ونحن ممن يفصل ذلك»[21].

إن الإمساك بالمدركات بهذا الشكل الفعال، لا يتم إلا في إطار نشاط القوة المُتخيِّلة التي تسمح ببقاء الصور رغم غياب المحسوسات، وهذا ينم عن أهمية نشاط هذه القوة وعن ارتباط ما يترتب عن تعالقها مع قوى الإدراك الأخرى بخصوصيتها وفاعليتها التي لا تعوضها قوة أخرى «ذلك أن القوة المُتخيِّلة إذا تناولت رسوم المحسوسات كلها، وقبِلتها في ذاتها كما يقبل الشمع نقشَ الفصِّ، فإن من شأنها أن تناولها كلها إلى القوة المفكرة من ساعتها، فإذا غابت المحسوسات عن مشاهدة الحواس لها، بقيت تلك الرسوم مصوَّرة صورة روحانية في ذاتها، كما يبقى نقش الفصِّ في الشمع مصوَّراً بصور روحانية مجردة عن هَيُولاهَا، فيكون عند ذلك لها كالهيُولى وهي فيه كالصورة»[22].

يستدعي هذا النشاط إذن، أشكالاً علائقية متشابكة يتم من خلالها التصرف في ما يَرِد على الحس، وإعادة بنائه بشكل لا يوحي بالمطابقة المفترضة، بقدر ما يعتمد على عمليات تركيب متداخلة ومتفاعلة تنجم عنها أبنية جديدة، هي وليدة هذا التناغم التركيبي الفعال. وبذلك، يتخذ مفهوم المحاكاة عند ابن سينا لبوساً مختلفاً عما

أقرته الفلسفة اليونانية التي استند إليها التراث الفلسفي الإسلامي؛ «إن ابن سينا لا يفهم المحاكاة على أنها تقليد، بل يفهمها على أنها تصوير معنى من المعاني للمخيلة، والمخيلة كما شرحها مستودع الصور الحسية، فهي تخزن الصور التي يؤديها إليها الحس، والفكر قد يعمل في هذه الصور بالتركيب والتحليل، وهي متصلة بالقوة النزوعية، فإذا ارتسمت في المخيلة صورة محبوبة أو مكروهة، نشطت القوة النزوعية إلى طلبها أو الهروب منها»[23].

لقد أفاد الفلاسفة المسلمون من المباحث النفسية القديمة لدى اليونان، في سياق دراستهم لملكات الإدراك ومستوياته وأشكاله، وحاولوا إيجاد العلاقة الناظمة لهذه الملكات وأهمية بعضها في المجال الشعري، مراهنين بذلك على جذور العلاقة بين مباحث الفلاسفة والمباحث الشعرية، لا سيما وأن فعل التخيل الذي يتجاوز مفهوم الصور الذهنية المنطبعة في النفس، والتي قرنها أرسطو بهذا الفعل، مرتبط عندهم بالقوى الباطنية للإدراك وما ينجم عن حركيتها من إبداعية. وبذلك، يبدو قصر هذا الفعل عند أرسطو على تذكر الصور واستحضارها وما يلجم عن ذلك من تأثير نفسي يزول حين عودة النفس إلى اعتماد الوعي الحسي والتفكير العقلي «إذا كان التخيل إذن هو القوة التي بها نقول إن الصورة تحصل فينا، وإذا ضربنا صفحاً عن استعمال المجاز لهذا الاصطلاح، فإننا نقول إن التخيل ليس إلا قوة أو حالة نحكم بها، ونستطيع أن نكون على صواب أو خطأ»[24].

إن إثارة التفريق بين الخيال والمُتخيَّلة، رغم تماهيهما في كثير من الأحيان في تحديدات الفلاسفة المسلمين، مردُّه – فضلاً عن

أهمية هذه القوة الذهنية في الإمساك بالمدركات ــ إلى دورها الفاعل في إعادة إنتاج الظواهر الإدراكية وفق استراتيجيات ذهنية متشابكة ومتناسلة، تروم التغيير والتبديل، والتركيب والفصل والوصل، بشكل يكشف عن طابعها الحركي والإبداعي القائم على عنصر المفاجأة والإدهـاش في البناء، إنها تتجاوز التخزين إلى الإنتاج وإعادة الإنتاج بشكل متواصل ودؤوب «ثم قد نعلم يقيناً أنه في طبيعتنا أن نركب المحسوسات بعضها إلى بعض، وأن نفصل بعضها عن بعض، لا على الصورة التي وجدناها عليها من خارج ولا مع تصديق بوجود شيء منها أو لاوجوده. فيجب أن تكون فينا قوة تفعل ذلك بها، وهذه هي التي تسمى إذا استعملها العقل مفكرة، وإذا استعملتها قوة حيوانية مُتخيَّلة»[25].

لا شك أن اهتمام الفلاسفة بملكات الإدراك، وإثارتهم للوظيفة التركيبية والإبداعية للقوة المُتخيَّلة، تم في تناغم واضح بين مباحث علم النفس ومباحث الشعرية بما يُحيل إلى التفاتهم العميق إلى الجوهر التخييلي للشعر، والذي به يكون ويتميز. وبذلك، كانت إفاضتهم حول طبيعة العلاقات الناظمة لفعل التخيل والشعر، أساس تعريفه وتحديده، لتفتح الباب مشرعاً على مختلف الإمكانات والاحتمالات التي يطاولها الشعر بالنظر إلى مراكز الإدراك المسؤولة عن جوهره. وبذلك، تتجاوز «المحاكاة» ما هو موجود فقط، إلى ما هو ممكن ومحتمل الوجود، فالشاعر في نظر ابن رشد «ليس من شرطه أن يحاكي الأمور التي هي موجودة فقط، بل وقد يحاكي الأمور التي يظن بها أنها ممكنة الوجود»[26].

وعادة ما ارتبط مفهوم المحاكاة في الشعر، والذي أثارته نظرية أرسطو، بمفهوم التخييل عند الفلاسفة المسلمين، باعتباره المحرك الأول لماهية الشعر وصانع جوهره، حيث أقر ابن رشد أن «الأقاويل الشعرية هي الأقاويل المخيّلة»[27].

وبذلك، تصب مختلف الأبحاث الفلسفية للفلاسفة المسلمين في سياق الكشف عن قدرة التخيل على التأثير في النفس من حيث القبض والبسط، نظراً لما ينجم عن ذلك من حالات سلوكية هي مناط التأثر والإذعان لسحر هذه القوة النفسانية المسؤولة عن التخييل، وقد تحدث بعضهم عن عجائبها بالنظر إلى ما تحدثه وما تستدعيه، وما تمكنه للنفس بفضل طبيعتها التكوينية، ووظائفها الطلائعية التي تتعدد وتتوحد، وتختلف وتأتلف، وتدخل في تفاعل فريد مع مختلف القوى الأخرى «اعلم أنّا قد ذكرنا أن لهذه القوة المُتخيّلة عجائب كثيرة، ووصفنا خواص أحوالها من أجل أنها من أعجب القوى الدرّاكة، وأن أكثر العلماء تائهون في بحر هذه القوة وعجائب مُتخيّلاتها، وذلك أن الإنسان يمكنه بهذه القوة، في ساعة واحدة أن يجول في المَشرق والمَغرب، والبر والبحر، والسهل والجبل، وفضاء الأفلاك وسعة السماوات، وينظر إلى خارج العالم، ويتخيَّل هناك فضاء بلا نهاية، وربما يتخيَّل من الزمان الماضي، وبدء كون العالم، ويتخيَّل فناء العالم، ويرفع من الوجود أصلاً ومما شاكل هذه الأشياء مما له حقيقة، ومما لا حقيقة له»[28].

إن ما يهمنا من خلال تتبع أبحاث الفلاسفة المسلمين الذي أفادوا دون شك من المباحث الفلسفية اليونانية والأرسطية على الخصوص،

هو استجلاء الأهمية البالغة التي يكتسيها التخييل الشعري، وما يرتبط به من مفاهيم، والوقوف عند الخاصية الزئبقية التي تسم كل تفريعاته الاصطلاحية وتجعلها عصية على التحديد، مفتوحة على كل الإمكانات والاحتمالات، وهذا ما يُنبِئ بقوة طاقته الإبداعية التي تضعه خارج مدار الحد، لا سيما وأن منبع نشاطه وحيويته متفجر من فيض نشاط «القوة المُتخيَّلة» وعجائب أعمالها، لذلك وجد هذا الغوص في طبيعة التعالق بين هذه القوة المتميزة من قوى الإدراك النفسي وبين المباحث الشعرية ضالته في أبحاث الفلاسفة المسلمين الذي أحسنوا القبض على سر هذا التناغم وعلى عظمة ما يُفضِي إليه، لتكون أبحاثهم لبنة أساسية كشفت عن العمق التفاعلي بين المباحث النفسية والنظريات الشعرية، رغم ما شهده التحديد الاصطلاحي من ضبابية بالنظر إلى طبيعة المرحلة وقلق البدايات، وحاجتها لوضع جهاز اصطلاحي يستجيب لطبيعة المفاهيم اليونانية الوافدة على الثقافة العربية، لكن ما يحسب لكل هذه الجهود الجبارة، هو قدرتها على استيعاب هذه النظريات الفلسفية، والتصورات الأولى التي ارتبطت بالمعارف الناشئة والوافدة، فضلاً عن تعميق البحث في مجمل أنساقها، والتنبيه إلى حيوية التعالق بين مباحثها وتأثير بعضها ببعض، لينخرط البحث النفسي والشعري في حالة تفاعل قصوى كان لها نتائجها المهمة والمجدية، بما من شأنه أن يحفظ الخصوصية والتفرد للمُنجَز النظري الذي قدمه الفلاسفة المسلمون في سياق تفاعلهم مع المرجعية النظرية الأولى للفكر اليوناني؛ فـ«كما هو شأن كل تفاعل بين منظومتين ثقافيتين مختلفتين، على مستوى المنطلقات الفكرية والخلفيات المذهبية والعقائدية، كان الاحتكاك بين الثقافة العربية والفلسفة الهيلينية يعني

ويستلزم في الآن نفسه الانتقال باللغة والفكر من مستوى تعبيري متداول، ونشاط ذهني مألوف إلى آخر جديد يختلف كلياً عن السابق، وينفتح من ثمة على مصطلحات وأنساق مفهومية غير مفكر فيها من قبل، وأسئلة أنطولوجية وميتافيزيقية غير مطروحة سلفاً»[29] .

2.1.1 – الجوهر التخييلي للشعر:

لا يخفى على الدارس مدى استئثار المباحث الفلسفية القديمة بمجالات الفكر الإنساني، واهتمامها بشكل جوهري بالعقل، باعتباره المحور الرئيس الذي تدور في فلكه آليات الإدراك وبه يتم اختراق الجواهر والكليات، وبلوغ سقف اليقينيات؛ فقد كان عندهم في مرتبة سامية لا تطاولها قوى أخرى من قوى الإدراك البشري، غير أن الطبيعة الإنسانية فرضت عليهم دخول أراض أخرى لا يسعف العقل المحض في فتح مسالكها، وإنما تحتاج إلى آليات وقوى مغايرة من شأنها تيسير عملية الإدراك، لذلك لم يجدوا بُدّاً من إثارة السؤال الفلسفي حول هذه القوى، ومدى تجلي فاعليتها في فن الشعر على الخصوص، فرغم وجوده في مرتبة ثانية بالنظر إلى عدم خضوعه لآليات التفكير العقلاني، حظي الشعر باهتمام الفلاسفة الذين بحثوا في طبيعته وآليات وجوده وأسباب نشأته، وارتبط حديثهم عنه بالمحاكاة التي شكلت إطاراً نظرياً نظم مختلف المباحث الشعرية عندهم «ويبدو أن الشعر نشأ عن سببين كلاهما طبيعي، فالمحاكاة غريزة في الإنسان تظهر فيه منذ الطفولة (والإنسان يختلف عن سائر الحيوان في كونه أكثر استعداداً للمحاكاة، وبالمحاكاة يكتسب معارفه

الأولية) كما أن الناس يجدون لذة في المحاكاة (...) وسبب آخر هو أن التعلم لذيذ: لا للفلاسفة وحدهم، بل وأيضاً لسائر الناس، وإن لم يشارك هؤلاء فيه إلا بقدر يسير، فنحن نُسَرُّ برؤية الصور؛ لأننا نفيد من مشاهدتها علماً، ونستنبط ما تدل عليه (...)»[30].

انتبه البحث الفلسفي في معرض مساءلته للظاهرة الشعرية، إلى الطبيعة الجوهرية التي تسم الشعر وتميزه عما سواه مما قد يشترك معه في بعض الخصائص، لذلك ارتبط عندهم بأشكال المحاكاة التي بها يتميز ويكون، وبالتصوير الذي يعد مرامه ونافذته على الممكن المحتمل الذي لا حدود له، والذي يجعله يقارب سقف الكليات، ويوغل في عوالمها المتشابكة والجوهرية، مما يجعل مهمة الشاعر أكثر عمقاً وأبعد منالاً مما هو متاح ومألوف، وهذا ما أكده أرسطو في معرض مقارنته بين المؤرخ والشاعر، إذ إن المهمة الحقيقية لهذا الأخير «ليست في رواية الأمور كما وقعت فعلاً، بل رواية ما يمكن أن يقع والأشياء ممكنة: إما بحسب الاحتمال، أو بحسب الضرورة؛ ذلك بأن المؤرخ والشاعر لا يختلفان بكون أحدهما يروي الأحداث شعراً، والآخر يرويها نثراً (فقد كان من الممكن تأليف تاريخ هيرودوتس نظماً، ولكنه كان سيظل مع ذلك تاريخاً سواء كتب نظماً أو نثراً)، وإنما يتميزان من حيث كون أحدهما يروي الأحداث التي يمكن أن تقع. ولهذا كان الشعر أوفر حظاً من الفلسفة وأسمى مقاماً من التاريخ؛ لأن الشعر بالأحرى يروي الكلي، بينما التاريخ يروي الجزئي[31] وأعني بـ«الكلي» أن هذا الرجل سيفعل هذه الأشياء أو تلك على وجه الاحتمال أو على وجه الضرورة؛ وإلى هذا التصوير يرمي الشعر(...)»[32].

إن الشعر بهذا المعنى، يقوم على أساس النزوع الجمالي للمحاكاة، ويتم بأشكال التصوير والتبديل والتغير اللغوي، ورغم اشتراكه مع باقي الأجناس في كثير من السمات، واعتماده على مقومات أخرى كالوزن، فإنه لا يكون شعراً إلا إذا كان أساسه المحاكاة التي تؤثث بنياته الصورية واللغوية، لذلك كان التركيز عليها وعلى قدرتها على تأثيث الطبيعة البنيوية للشعر، أساساً لتعريفه وتمييز الشاعر عن غيره عند الفلاسفة، حيث تصبح المقومات الأخرى – والوزن ضمنها – صفات عرضية لا يقوم الشعر بها فقط «والواقع أن من ينظم نظرية في الطب أو الطبيعة يسمى عادة شاعراً، ورغم ذلك فلا وجه للمقارنة بين هوميروس وأنباذوقليس إلا في الوزن، ولهذا يخلق بنا أن نسمي أحدهم (هوميروس) شاعراً، والآخر طبيعياً»⁽³³⁾.

إن الرؤية التي يصدر عنها البحث الفلسفي في تصوره للشعر، تروم القبض على جوهره الذي أساسه المحاكاة، بوصفها المحدد الرئيس لماهيته وحقيقته، ورغم ارتباط هذا المفهوم عندهم بمكونات أخرى بنيوية يقوم عليها الخطاب الشعري، فإن المحاكاة – بما ينجم عنها من تحقيق صورة الشيء المحاكى في الخيال، وما يرتبط بها من تفاعلات موزعة بين المبدع والمتلقي – تعد قطب الرحى في تشكيل بنية الخطاب الشعري الذي ينتفي بانتفائها، ويبدو أن المحاكاة والرسم وصناعة الصور وما تقتضيه من حركة عالية المقام، ارتبطت عند الفلاسفة وفي مقدمتهم أرسطو بمفاهيم أخرى كالتبديل والتغيير وغيرها، وهي مصطلحات تدور كلها في فلك التخييل ولو بشكل ضمني، وتراهن على البعد التصويري والجمالي، وتضع باقي العناصر ومنها الوزن ضمن المكونات التكميلية الثانوية.

2.1.2 – إبدالات المفهوم عند الفلاسفة المسلمين:

تعد المباحث الفلسفية اليونانية إطاراً نظرياً ناظماً لمختلف المباحث التي اشتغل عليها الفلاسفة المسلمون، وبالنظر إلى هذا التعالق المرجعي الذي فرضته حتمية التأثير والتأثر ونتائج ترجمة هذا التراث، يجد الباحث في أعمال الفلاسفة المسلمين هذا التقاطع الواضح بين التصورات النظرية اليونانية والعربية، وبين آليات الاشتغال التي طبعت كليهما، بل إن المنحى المنطقي العقلاني الذي استأثر باهتمام اليونانيين، وطغى على تناولهم للشعر وأبنيته الفنية والجمالية، ظهرت تجلياته أيضاً عند الفلاسفة المسلمين، لذلك لا غرابة أن نجد هذا الحضور الواضح للبعد النفسي للعملية التخييلية، ولارتباطها بالمحاكاة بوصفها نواة أولية تتفرع عنها الأبنية الصورية والجمالية للفن الشعري، وإذا كان مصطلح المحاكاة قد ارتبط عند أرسطو بما يتوسل به الشاعر من مجاز وتبديلات لغوية، فإن تصور الفلاسفة المسلمين، ومقاربتهم للعملية الشعرية، يكشف عن وعي أعمق بالجوهر التخييلي للشعر، والكامن في هذا التناغم الجمالي بين الشاعر والمتلقي، إذ يتجاوز محاكاة الأشياء ونقلها، إلى حالة من التفاعل المتشابك الذي يحدث على مستوى الإبداع والتلقي، لذلك، اقترن التخييل عندهم – بوصفه الخاصية الناظمة للخطاب الشعري – بمصطلحات أخرى مختلفة ومتنوعة كالتمثيل والتشبيه والتغيير، تقاطعت أبعادها الدلالية وصبت جميعها في معاني التخييل الذي به يكون الشعر، حيث يؤكد الفارابي في معرض تقسيمه للأقاويل على أهمية «التمثيل» في بناء الخطاب الشعري، بوصفه مكوناً نوعياً

جوهرياً لا يكون القول شعرياً إلا بوجوده «(...)» والتمثيل أكثر ما يستعمل إنما يستعمل في صناعة الشعر، فقد تبين أن القول الشعري هو التمثيل»[34].

إن الفارابي بهذا التحديد يقرن بين الشعر و«التمثيل»، ويعتبره مكوناً نوعياً يُحيل إلى بنيته الجوهرية، وفي اختياره هذا المصطلح ما يشي بوعيه العميق بالخصوصية الأسلوبية والجمالية التي بها يكون القول شعرياً، والتي تكشف عن الطابع التخييلي للشعر، حيث يصبح المكون الإيقاعي رغم وجوده عنصراً تكميلياً لا تتحدد شعرية القول بمجرد وجوده. وبذلك، يتماهى عنده مصطلح التمثيل بالمحاكاة وبالتخييل في معرض تحديده لماهية الشعر وجوهره، وهذا ينم «عن كونه يعد في نظره أكثر تلك المصطلحات دلالة على جوهره الإبداعي، إذ يشير إلى خاصية التصوير الفني التي تسم الأسلوب الشعري، وإلى عملية الإيحاء بالمعاني والصور الجمالية في وهم السامع، وهما مستويان مترابطان في العملية الشعرية يتعلق أولهما بجانبها الأسلوبي؛ بينما يتصل ثانيهما بأثرها النفسي ووظيفتها الجمالية»[35].

هذا التعدد المصطلحي الذي وسم مقاربة الفلاسفة المسلمين للظاهرة الشعرية، يُحيل إلى وعيهم بالمكون الجوهري المحدد لماهيته، والمتفرع عن مفهوم المحاكاة الذي أصّلته الفلسفة اليونانية، وما ارتبط به من معاني التصوير ومقاربة الممكن المحتمل، وما هذا التنوع إلا إبدالات تتماس مع الجوهر التخييلي للشعر، وتتقاطع مع المكونات البلاغية وما يرتبط بها من خصوصية جمالية وأسلوبية

تميز الخطاب، فالشعراء لا بد أن يكون لهم «تـأتَّ جيد للتشبيه والتمثيل»[36] فهم «يجوِّدون التشبيهات والتمثيلات بالصناعة»[37].

هكذا، تصبح الغاية الجمالية التي بموجبها يحدث هذا التفاعل الخلاق بين المبدع والمتلقي، هي المقدَّمة على باقي العناصر البنيوية المكونة للخطاب الشعري، وفي ذلك تأصيل لمركزية التخييل، وبعده التكويني، لكن بإبدالاته اللغوية التي تراوحت بين التشبيه والتمثيل وما يتصل بالجانب البلاغي.

إذا كان الفارابي قد وجد في هذه الإبدالات ما يفي بالإحالة إلى البعد الجوهري للشعر، فإن ابن سينا لم يراوح مصطلح «التخييل» الذي تكرر عنده بشكل لافت، واعتبره قوام الشعر وأساسه الجوهري، وإذا كان قد أضاف في تحديده لماهيته عناصر الوزن والتقفية «ونقول نحن أولاً: إن الشعر هو كلام مخيِّل مؤلف من أقوال موزونة متساوية، وعند العرب مقَفَّاة»[38]، فإن ماهية الشعر الحقيقية لا تكون إلا بوجود جوهره التخييلي، وفي ذلك تأصيل للطبيعة الجمالية المميزة للخطاب الشعري عن سواه، والكفيلة بإثارة هذا التعالق المفترض بين ما يحدث من أنشطة تخييلية لدى المبدع والمتلقي تجعل البنى التصويرية هي قطب الرحى، وتُحِيل بشكل دقيق إلى بعدها الإيحائي؛ لأن «الناس أطوع للتخييل منهم للتصديق»[39].

إن هذا التصور الذي يصدر عنه ابن سينا، يوحي بوعيه العميق بهذه الطبيعة الجوهرية، وباستئثاره لمصطلح التخييل في التعبير عنها دونما إبدالات لغوية واصطلاحية، إلا ما جاء منها في سياق الشرح المستفيض، وهذا ما انتبه إليه كثير من الباحثين، فهو «يتمسك

بتعريف واحد للشعر، ولا يغير – كما هو شأن الفارابي – المصطلح المركزي الدال على جوهره الجمالي وخصوصيته الفنية، إذ يظل التخييل عنده هو المكون النوعي الذي يميز الشعر عن غيره من الخطابات الأخرى»[40].

يكشف تصور ابن سينا عن تركيزه على الخصوصية الفنية والجمالية التي تميز الشعر باعتباره كلاماً مخيلاً بالدرجة الأولى، ينجم عن بنيته الجوهرية هاته، حركة النفس وانفعالها لدى المبدع والمتلقي على السواء، كما ينجم عنها إثارة المتعة الجمالية بما تحدثه شبكات التصوير اللامتناهية، وفي ذلك تأصيل للبعد النفسي للظاهرة الشعرية، وطبيعتها الأسلوبية والجمالية، وكشف عن الإمكانات الهائلة التي يتميز بها التخييل من حيث قدرته على الكشف اللامحدود، ومن حيث استعداد النفس للاستئناس بما ينجم عن نشاطه الفريد «والقول الصادق إذا حرِّف عن العادة وألحق به شيء تستأنس به النفس، فربما أفاد التصديق والتخييل معاً، وربما شغل التخييل عن الالتفات إلى التصديق والشعور به. والتخييل إذعان، والتصديق إذعان، لكن التخييل إذعان للتعجب والالتذاذ بنفس القول، والتصديق إذعان لقبول أن الشيء على ما قيل فيه»[41].

إن مركزية التخييل وطبيعته الجوهرية في التصور السينوي، تجعلنا نقف على دقته وحسن إدراكه لمكونات الخطاب الشعري، إذ نَلمحُ بوضوح حرصه على ترتيب المكونات البنيوية لهذا الخطاب، ووعيه بأهميتها في تحديد ماهية الشعر؛ فرغم حديثه المستفيض عن المكون الإيقاعي، ورغم إضافته عنصر القافية المميز للشعر

العربي، فإن الشعر في تصوره يستدعي النظر إليه باعتباره معطى جمالياً بالدرجة الأولى تحصل بموجبه حالات الالتذاذ والإذعان النفسي، وتحدث صوره وأبنيته التركيبة والأسلوبية حالات التفاعل التي لا حصر لها، يقول في هذا الصدد: «وقد تكون أقاويل منثورة مخيلة، وقد تكون أوزاناً غير مخيلة لأنها ساذجة بلا قول. وإنما يوجد الشعر بأن يجتمع فيه القول المخيل والوزن»(42) وبذلك، يستأثر البعد الصوري الجمالي المرتبط بفاعلية التخييل، بموقع الصدارة بالمقارنة مع باقي المكونات، إذ يقدمه في معرض حديثه عن موضوع الإيقاع «(..) ولا نظر للمنطقي في شيء من ذلك إلا في كونه كلاماً مخيَّلاً: فإن الوزن ينظر فيه: أما بالتحقيق والكلية فصاحب علم الموسيقى، وأما بالتجزئة وبحسب المستعمل عند أمة أمة فصاحب علم العروض. والتقفية ينظر فيها صاحب علم القوافي، وإنما ينظر المنطقي في الشعر من حيث هو مخيل»(43).

هذا التعدد الذي وسم المصطلحات المرتبطة بمفهوم التخييل، والمحيلة عليه ضمنياً، يكشف عن التعالق الواضح بينه وبين المفاهيم البلاغية المؤسسة لبنية الخطاب الشعري العربي، والتي تقدم النص الشعري باعتباره قولاً مختلفاً يخضع لقوانين الصناعة الشعرية، ويراهن على مجانبة مألوف القول العادي، ولا يتأتى له ذلك إلا من خلال الأساليب البلاغية التي تميز بنياته التركيبية والأسلوبية، والتي يشحنها التخييل بكل الطاقات الممكنة. فلا غرو إذن أن يتماهى مصطلح التخيل في ارتباطه بالشعر والشعرية عندهم، بمصطلحات أخرى من قبيل التشبيه والتمثيل والحيلة والتغيير وغيرها، إذ يؤكد

ابن رشد أن القول لا يكون شعرياً إلا إذا غيِّر واعتمد أساليب خاصة من شأنها أن تحقق شعريته، وتبتعد به عن عادي القول ومألوفه. ورغم تأكيده أن «الأقاويل الشعرية هي الأقاويل المخيِّلة»⁽⁴⁴⁾ فإنه لا يلبث أن يربط بين التخييل باعتباره مكوناً نوعياً تتحدد به ماهية القول الشعري، وبين مصطلح «التغيير» المرتبط بالأساليب البلاغية المسؤولة عن فنية القول وجماليته⁽⁴⁵⁾ وفي ذلك ترسيخ للبعد الفني وللقيمة الجمالية المؤسسة للخطاب «والقول إنما يكون مختلفاً أي مُغَيَّراً عن القول الحقيقي من حيث توضع فيه الأسماء متوافقة في الموازنة والمقدار، وبالأسماء الغريبة وبغير ذلك من أنواع التغيير قد يستدل على أن القول الشعري هو المغيَّر أنه إذا غُيِّر القول الحقيقي سمي شعراً أو قولاً شعرياً، ووُجِد له فعل الشعر»⁽⁴⁶⁾.

ينطوي هذا التعدد المصطلحي إذن على المفهوم الضمني الجوهري الذي تتحدد به ماهية الشعر، فالتخييل عندهم هو جوهر هذه العملية، ومنبت كل هذه الفروع المصطلحية التي امتزجت به وتقاطعت معه، وبالرغم من طغيان الصبغة البلاغية على المصطلحات، يظل الشعر بوصفه «كلاماً مخيّلاً» هو الفلك الذي تدور فيه مباحثهم، غير أن السؤال المطروح يرتبط بغياب الوعي المصطلحي لدى هؤلاء، وكيف لم تهتدِ أبحاثهم حول الشعر والشعرية إلى توحيد المصطلح الذي به يكون جوهر الشعر وبنيته التكوينية الأولى، ثم ما سرّ هذا التعدد الذي لا يخرج عن المعنى الواحد بشكل تصبح معه المصطلحات مرادفات لبعضها دونما إضافة تذكر، فالتغيير والتشبيه والتمثيل بكل ما تنطوي عليه من دلالات، وبكل محمولاتها البلاغية التي دار الفلاسفة في

فلكها لا تراوح المدلول الواحد رغم تعددها، فهل يعزى ذلك إلى ميل المباحث الفلسفية إلى النظرة المنطقية التي تهتم بتحديد الماهية، بناء على الخاصية الجوهرية دونما اهتمام بعوارضها الأسلوبية والمفهومية؟ أم إن البحث في مجال الشعر والشعرية، لم يراوح حدود الماهية والتحديد إلى الغوص في خصوصية الخطاب الشعري، وبنياته الجوهرية العميقة التي كان من الممكن أن تفضي بالمباحث الفلسفية والبلاغية إلى نتائج أكثر ثراء وغنى واستشرافاً في مجال الشعر والشعرية؟

للتخييل بهذا المعنى من الطاقة ما يجعله ينظم كل عمليات الخلق الشعري، ويُفضِي بها إلى مقامات التفرد، فهو سرُّ الماهية، وهو الجوهر الذي به يكون الشعر والشاعر، فـ«الشاعر بقواته المختلفة ينظم الكون، والشاعر مُتخيِّل، الشاعر منظم للكون، وناظم له»[47] .

كل هذا يدعونا إلى مساءلة هذا الجوهر، ومحاولة مقاربة سقفه اللامحدود، وقدرته الخلاقة التي تنسحب على الشاعر أيضاً «ذلك أن الشاعر يوجد علائق بين كل موجودات الكون؛ لأنه يعرف أسرار المخلوقات وسرائر الحروف. هناك أسرار خفية تجمع بين العالم العلوي بما فيه من أرواح وأفلاك وأبراج، وبين العالم الوسطي بما فيه من إنسان وحيوان ونبات، وبين العالم الأدنى بما يحتويه من أنواع الجمادات، وهناك سرائر خفية وظاهرة بين التشبيه والاستعارة والكناية والمجاز المرسل والأساطير والتمثيل والمقايسة والأحلام وأحلام اليقظة والتشكيل والتلحين»[48] .

3 - تصور المتصوفة:

اهتم الفلاسفة بقوى الإدراك النفسي، وأفاضوا في توصيفها، وتحديد وظائفها وعلاقاتها ببعضها بما ييسر عمليات الإدراك المعقدة التي تنخرط في شبكة علائقية لامتناهية، وتسمح بتنامي درجات الإدراك بهذا الشكل المتشابك الذي تتكاثف فيه مختلف القوى النفسية، ويتماهى بعضها ببعض في دائرة تواصلية متجاذبة الأطراف، ورغم أهميتها وفاعليتها، ظلت مشوبة عندهم بنقص يجعلها بعيدة عن سقف الكمال الذي يُفضِي إلى إدراك المعقولات، نظراً لارتباطها بعوارض الأشياء وعدم قدرتها على التجريد، فهي إذن في مرتبة أدنى لا تخولها الإمساك بالمعاني الكلية والجواهر، لكن كيف يمكن للفلاسفة أن يعترفوا بأهمية الخيال الإنساني وبالدور الكبير الذي تلعبه القوة المُتخيَّلة في علاقاتها مع باقي قوى الإدراك، بل إن الوصول إلى الكليات والجواهر لا يمكن أن يتم بمعزل عن تدخل الحس والخيالات المنطبعة، والتي تخضع فوق ذلك إلى عمليات التركيب وإعادة الإنتاج بما يوافق الواقع وما يخالفه في نفس الآن؟ «(...) ومن جهة أخرى، فإنه عند استعمال العقل يجب أن يكون مصحوباً بالأخيلة، لأن الأخيلة شبيهة بالإحساسات، إلا أنها لا هيولى لها. ومع ذلك فالتخيل يتميز عن الإثبات والنفي، إذ يجب أن تتركب المعاني لتكوين الصادق أو الكاذب، ولكن قد يقال فيم تختلف المعاني الأولية عن الأخيلة؟ فنقول: إن هذه المعاني الأولية، بل وسائر المعاني، ليست أخيلة، ولكنها لا يمكن أن تستغني عنها» [49]، وكيف يمكنهم في نفس الوقت ترتيبه في درجة أدنى لا يمكنها أن تقارن بدرجة الإدراك العقلي، فليس بمقدوره

أن يلامس أي قدر من الحقائق أو المعارف التي تظل يقينياتها حكراً على العقل ـ وهو أشرف قدراً ـ دون سواه؟ فالقوة المُتخيِّلة رغم قدرتها الهائلة على التركيب والتفصيل، ورغم عدم قدرة العقل على الاستغناء عنها «إذا استعملها العقل سميت مفكرة، وإذا استعملها الوهم سميت مُتخيِّلة»[50] .

لم يخرج الفلاسفة المسلمون إذن عن التصورات الفلسفية اليونانية التي شكلت إطارهم النظري، إذ أفادوا مما أقره أرسطو بشكل كبير، وظلت نظرتهم إلى العقل الإنساني في المقام الأول، وأوكلوا إليه دون سواه الحق في إدراك الحقائق واليقينيات التي لا تشوبها شوائب الحس أو الوهم أو غيرها، فالجواهر والمعقولات والحقائق طريقها واحد لا يقبل التعدد ولا يحتمل وجود قناة أخرى ربما قد يكون لها سر من الأسرار الكامنة والقادرة على ما خفي عنهم من إدراك، لذلك ظلت نظرة الشك والريبة تحوم حول تصورهم للخيال الإنساني رغم عدم انفكاك الإدراك العقلي عنه، وظل في درجة أدنى تحرمه السمو والتعالي، وتحصر الحقائق في دائرة لا يمكنه الاقتراب منها أبداً.

إذا كانت النظرة الدونية للخيال رغم أهميته عندهم قد لازمت تفكير الفلاسفة، وطبعت تصورهم للحقائق والكليات وقنوات إدراكها، فهل يمكن اعتبار النظرة العليا له عند غيرهم خروجاً عن طريق الصواب، وزيغاً عن سبل الحقائق، ومجانبة لما يمليه تسامي التفكير العقلي والمنطقي، أم إن الأمر يفترض وجود تصورات أخرى كشفت ما خفي عنهم، وفتحت مناطق أخرى للإدراك لم تبلغها فتوحاتهم، من شأنها أيضاً إدراك الأسرار والحقائق؟ ثم ما الأسباب التي حجبت عن

الفلاسفة كشف هذا الطريق المعرفي الذي يُفضِي إليه الخيال رغم اقترابهم من عتباته، وولوجهم إلى مداراته، وهم المنسوب إليهم عمق التحليل وبعد النظر؟ وهل يُهيَّأ لسالك العقل غير ما يُهيَّأ لسالك غيره من استعدادات توصل إلى الحقائق والجواهر بطرق متعددة؟

إذا كان الفلاسفة قد جعلوا الخيال الإنساني رغم أهميته في مرتبة أدنى من العقل، وسحبوا منه كل قوة قادرة على بلوغ الحقائق التي سبيلها العقل وحده، فإن المتصوفة أوْلَوه عناية بالغة، وجعلوه في مرتبة عالية، واعتبروه طريقاً لكشف الحقائق المتعالية وبلوغ المدارك الغائبة والجوهرية، وهذا يدل على سمو منزلته، ورفيع غايته، وقوة فتحه لما كان مغلقاً مستعصياً على من يسلك سبيل الحس والعقل على السواء، لذلك اعتبروا أن الفلاسفة الذين لم يستطيعوا التنور بنوره، لم يوفوه حقه، «إن للمتصوفة خطاباً يختلف عن خطاب الفلاسفة، (وابن سبعين كان صارماً في نقده للفلاسفة عكس ابن عربي)، ومن ثَمَّة فإنهم ألغوا مصطلح التخييل، وبدله استعملوا مصطلح الخيال الذي يوليه ابن عربي مرتبة عليا»(51).

هذه المكانة العليا التي يتبوؤها الخيال عند المتصوفة، تُنبِئ بفرادة تصورهم لهذه الطاقة الذهنية المتقدة، باعتبارها أعظم قوة خلقها الله، تستطيع سبر ما لا تستطيعه قوى الإدراك الأخرى، إنه نور العتمات التي تستعصي على الانكشاف، فقد «جعل الله هذا الخيال نوراً يدرك به تصوير كل شيء، أي أمر كان، كما ذكرناه. فنوره ينفذ في العدم المحض، فيصوِّره وجوداً. فالخيال أحق باسم «النور» من جميع المخلوقات، الموصوفة بالنورية. فنوره لا يشبه الأنوار. وبه تدرك

العتمات»(52)، وبذلك، فمن لم يَخبِر قوته، وادعى الحكمة دون النيل من علم شموخ منزلته، وقال بفساده، فاته بلوغ علو مرتبته وعظيم سلطانه «فافهم، فإنه ينفعك معرفة كونه (أي الخيال) نوراً – فتعلم الإصابة فيه – مِمَّن لا يعلم ذلك. وهو الذي يقول: «هذا خيال فاسد». وذلك لعدم معرفته هذا القائل بإدراك النور الخياليّ، الذي أعطاه الله تعالى. كما أن هذا القائل يخطِّئُ الحسَّ في بعض مدركاته. وإدراكه (أعني الحسَّ) صحيح. والحكم لغيره (أعني الفكر) لا إليه. فالحاكم (الفكر) أخطأ، لا الحِسُّ. كذلك الخيال: أدرك بنوره ما أدرك؛ وما له حكم؛ وإنما الحكم لغيره، وهو العقل. فلا ينسب إليه الخطأ، فإنه ما ثَمَّ خيال فاسدٌ قطُّ، بل هو صحيح كُلُّه»(53) .

هذه المكانة السامية التي يتبوؤها الخيال عند المتصوفة، مردها إذن إلى عظمة قوته وجلال سلطانه، فبها يفتح السبيل مضاء أمام كل معرفة تصل إلى أقصى درجات اليقين، والذي لا يبلغه العقل نفسه. وبذلك، كان عندهم أشرف قدراً، وأعلى مقاماً، لا يتأتى نوره إلا لمن ذكره فأعظم ذكره، وعني به فأحسن العناية، وربما يعود فَوْتُ سرِّه على الفلاسفة الذين بالغوا في تقديس العقل دونه إلى نقصان عنايتهم به لِيُحرموا فضله، ثم إن اختلاف طبيعة المسالك التي اتبعها كلا الفريقين – المتصوفة والفلاسفة – هي سبب بلوغ شرف هذه المرتبة من عدمه، فطريق الحدس والبصيرة غير طريق الحس والعقل، لذلك يرد ابن عربي على الفلاسفة الذين ينسبون الفساد والخطأ للخيال، خلافاً للعقل الذي هو مناط كل يقين، يقول محمد قاسم في هذا الصدد: «رأما صلة الخيال بالعقل، فيوضحها ابن عربي قائلاً إن الخيال لا

يخطئ أبداً، وإن هؤلاء الذي يصفون الخيال أحياناً بأنه خيال فاسد لا يدركون حقيقته، ذلك أن الخيال إذا أدرك شيئاً فإنما يدركه بنوره، والنور لا يخطئ في كشفه عن الأشياء. وإذا كان هناك خطأ فلا بد أن يكون لسبب آخر، إذ الخطأ وليد الحكم، والخيال لا يصدر حكماً، بل هو نور يكشف ستار الظلمة الذي يحجب الأشياء. إذن يجب أن ينسب الخطأ إلى القوة التي تصدر الحكم، وهي العقل. وإذا كان الحكم لغير الخيال فلأي داع ننسب الخطأ أو الفساد إليه؟ إنه من الأولى أن يقال: أخطأ العقل في فهم ما كشف الخيال عنه، حتى لا ينسحب الحكم بالخطأ أو الفساد إلى الخيال وهو بريء منه»[54].

إن التصور الذي يصدر عنه المتصوفة ينفي كل مظاهر النقص عن الخيال، ويرد هذا النقص على القوة التي تصدر الحكم. وبذلك، يصبح العقل الذي هو سبب اليقين عند الفلاسفة، خاضعاً بدوره لقوة هذه الطاقة الخلاقة وإلى نورها الثاقب، ويصبح دونها مرتبة ومنزلة. وبذلك، بلغ الخيال عندهم إلى أعلى درجات السمو، وأصبح بالنظر إلى ما ينجم عنه فعّالاً وخلّاقاً، وانعكس تصورهم هذا على مختلف انشغالاتهم المعرفية، ومن قدرئه العجيبة أنه يعيد تشكيل الصور على أنحاء جديدة، فلا يُبقي المواد الحسية على الشكل الذي عليه، وإنما يصهرها، ويعيد خلقها «فمتى حملته على المعنى، فهو يجسده في أي صورة شاء»[55] وبهذا المعنى، فإن له من الإمكانات ما يجعله قادراً على العبور إلى ما وراء الأشياء، وعلى استبطان الظواهر من خلال عملية تركيبة تجعلها على غير ما كانت عليه. وبذلك، فـ«الصوفية يذهبون في إطار هذا التصور إلى أن ما يبدعه الخيال، بل الخيال

ذاته لا يركب صوره إلا من المادي المحسوس في امتلائه وكثافته، إلا أن الخيال يرقق هذه الكثافة، ويهذبها، ويبسطها بسطاً تنخرق معه نواميس الظواهر، مما يتيح للخيال قدرة فائقة على التجاوز»[56]. وقد أدرك هنري كوربان أهمية هذه القوة السحرية، وفضلها الذي انتبه إليه المتصوفة، لا سيما ابن عربي[57] الذي أوفاه حقه، فقد اعتبر أن «الخيال هو الذي يقيم التفاعل بين اللامرئي والمرئي، وبين الروحاني والجسماني»[58] ونفى ما قد يتهم به من فساد وقليل قدر، «لا مجال هنا لاتهام قوة الخيال بالوهم، والخطأ يكمن في عدم رؤية ما هي، وتصور أن الوجود الظاهر شيء يتغذى من ذاته، وينضاف عرضاً للحق، والحال أن الموجود المتجلي يغدو شفافية بواسطة الخيال»[59].

لقد أثار كوربان من خلال تتبعه لخصوصية الخيال عند ابن عربي، بعده الأنطولوجي الذي يتجاوز حدوده الشخصية ليقارب وجوده المطلق، فيتبدى التعالق الناظم للخيال الإنساني بالخيال المطلق، حيث تصبح له حياة أخرى مستقلة ومتحولة تبعاً لطاقته التي تتقد من التجدد، فيغدو متصلاً بالذات ومنفصلاً عنها، يقول: «إن ابن عربي يميز بين خيال متصل بالشخص المُتخيَّل وغير منفصل عنه، وخيال منفصل عن الشخص، وهو قائم بذاته. ففي الحال الأول يمكننا التمييز بين الخيالات المقصودة سلفاً أو الناجمة عن سيرورة واعية للروح، وتلك التي لا تحضر في الروح إلا تبعاً لعفويتها الخاصة كالمنامات (وأحلام اليقظة). إن خصوصية هذا الخيال المتصل هو أنه مرتبط بالشخص المُتخيَّل ويغيب متى غاب، أما الثاني أي الخيال المنفصل عن الذات المُتخيَّلة، فله حياة مستقلة ووجود فريد في مستوى الوجود

الذي هو وجود العالم الوسيط، عالم التمثلات والأفكار والصور، أي عالم الخيال»(60).

ليس غريباً إذن أن ينخرط المتصوفة وهم يبنون تصورهم للخيال في حالة فريدة من نوعها تتناغم مع ما يقتضيه مسلك الذوق والمعرفة المتعالية، حالة تقوم على الهدم من أجل البناء، وتفتح منافذ أخرى لا تعرف التقيد بحدود العقل الصارمة، لتنداح فيما يمكنه تسميته بالزيغ الخلاق عن الوضوح والظاهر، وعن الثبات القاهر لكل توق للتحول والتجدد، إن «بلاغة الخيال الخلاق (الصوفي) ليست بلاغة صورية إقناعية ولا أسلوبية تزيينية، بل وجودية، عضوية وجسدية حيوية. بلاغة الانتقال من قانون الوضوح ومستلزماته التمييزية إلى قانون التحول والاندماج بين عناصر الوجود الذاتي والموضوعي، العيني والمتعالي، إلى حال الترميز الكلي والشامل؛ لكشف أحوال المعاني وصيروراتها من الظاهر إلى الباطن، حيث الكون والمخلوقات كلمات الله، واللغة ليست مدونة تقابل الكلمات بالأشياء فحسب، بل إنها جزء حي من هذا الكون»(61).

إن صفة الشفافية التي يخلعها كوربان على الموجود المتجلي إنما تحصل بفعل هذه القوة، وبهذا فتح المتصوفة طرقاً أخرى لم ينفذ إليها سلطان العقل عند الفلاسفة، وأعلوا ما جعله هؤلاء في مراتب دنيا لا سبيل لها إلى اليقين والحقيقة، فقد «كشف مذهب الصوفية في التجلي الصوري والإبداع الخيالي عن تصورات أساسية منها، لانهائية الصور»(62)، وإذا كان الأمر كذلك، فهل استطاع المتصوفة – بفعل هذه النظرة الاستشرافية لما غاب عن غيرهم – التأثير في

التصورات النظرية التي أسست تاريخ الشعرية العربية، بالنظر إلى أهمية عنصر الخيال في البناء الشعري؟ وهل بإمكان ما كشفوا عنه من قدرات وطاقات خلاقة وسحرية للخيال أن يزحزحوا ما أثبتته المرجعيات النظرية الفلسفية التي صدر عنها معظم النقاد العرب في تصورهم للشعر؟ أم إن مفعول سحر هذه الطاقة الخلاقة ظل حبيس فئة محدودة تراهن على الحدوس وتختلف يقينياتها عن اليقين المعترف به؟ وهل الحقيقة – غاية الجميع – واحدة سبيلها العقل، أم متعددة سبيلها الخيال المجنح؟ تلك إذن أسئلة تلح علينا ونحن نطرح موضوع المُتخيَّل ونثير ما ارتبط به من تفريعات واشتقاقات تصب جميعها في بحر واحد رغم تعدد الأنهار.

رغم أهمية ما أثاره المتصوفة حول طاقة الخيال، وقدراتها اللامتناهية وطبيعتها الحركية والدينامية، فضلاً عن مرتبتها التي تعلو لتوازي مرتبة العقل عند الفلاسفة، أو لتتجاوزها في كثير من الأحيان، إلى القول بقدرته على الإيجاد والخلق، فإن انتقال حرارة هذا التصور إلى مجال البحث الأدبي والاشتغال النقدي العربي ظل خجولاً وخافتاً. «إن هذه القدرة التخيلية على الإيجاد، لإيذان بأن النزعة الثيوصوفية قد تجاوزت بشكل كبير آراء المتكلمين والمتفلسفة على مذاهب الأقدمين، ومما يؤسف له أن تراثنا البلاغي والنقدي لم يلتفت إلى هذه الملاحظة العميقة، وأن العرفاء لم يربطوا بينها وبين النظر في الشعر، وإنما اكتفوا بتحليل هذه الخاصية نظرياً في سياق التجربة الصوفية، وما تضم من نشاط نفسي عال يبدي نفسه في مظاهر متنوعة من الخلق والتجلي والشهود»[63]، وربما لم يكن له من الظروف المهيأة التي طبعت المرحلة ما يجعل ناره برداً وسلاماً

على المنشغلين بالبحث النقدي والبلاغي الذي ظل مرتبطاً بالنظرة العقلانية الواقع أثرها بشكل جلي على النقاد، لقد بلغ الاهتمام بالخيال وفاعليته مداه مع المتصوفة «لكن ما كان لمتصوفة الإسلام أن يحدثوا في الفكر العربي تأثيراً يشبه ما أحدثه الرومانسيون في تاريخ النظرية الشعرية لاعتبارات عدة، منها: ما واجهه الصوفية من هجوم شديد. والنظرات السنية التي هاجمت المتصوفة بعنف بالغ، وقللت من شأنهم، بل ساعدت على تعذيب بعضهم وقتل بعضهم الآخر»[64].

ظل هذا التعارض بين ما يمليه العقل وما يمليه الخيال قائماً رغم دفاع كل طرف على صحة تصوره، وبيان طريقه ومسلكه، ليظل التفكير العقلي مهيمناً على المباحث النقدية والبلاغية، وليظل ما أصر عليه الفكر الصوفي استشرافاً لما قد يسمح به مبحث الخيال من فتوحات أخرى، لا سيما وأن مذهبه قائم على الخرق والزيغ الخلاقين، إذ بهذا الخرق تنفتح الحجب، وتتبدى الحقائق، وينجلي ما لم تبصره الحواس والعقول، وربما كان خرق الحدود باعتباره وسيلة لبلوغ غايات لامتناهية قاسماً مشتركاً بين الخطاب الصوفي وطبيعة الإبداع الشعري «إن منطق الخيال – برغم ما في هذه الصياغة من تناقض – يمكن التعبير عنه بأنه منطق اللامنطق، إنه يؤول إلى فكرة الوساطة بين الحس والفهم، وإلى التجسد والقدرة المطلقة التي تبدع وتوجد وتتشكل وتخلق الصور خلقاً من بعد خلق بواسطة ما لهمة العارف من تأثير، ومن خلال تجاوز اللبس من الخلق الجديد، مما يؤذن بأن الخيال قدرة لانهائية على إبداع صور لانهائية غير قابلة للنفاد، وبأن الجدة مقولة مؤسسة لمنطق الخيال»[65].

هوامش الفصل الأول:

1 – ليونـارد جاكسـون، بؤس البنيويـة، الأدب والنظرية البنيويـة، ترجمة: ثائر ديب، دار الفرقد، ط2، دمشق، 2008م، ص177 – 178.

2 – عبد الله الغذامي، الخطيئة والتكفير من البنيوية إلى التشـريحية.. قراءة نقدية لنموذج معاصر، الهيئة المصرية العامة للكتاب، ط4، القاهرة، 1998م، ص78.

3 – نفسه، ص79.

4 – العربي الذهبي، شعريات المُتخيَّل اقتراب ظاهراتي، شركة النشر والتوزيع، – المدارس – ط1، الدار البيضاء، 2000م، ص116.

5 – أرسطو طاليس، كتاب النفس، ترجمة: أحمد فؤاد الأهواني، دار إحياء الكتب العربية، ط1، القاهرة، 1949م، ص103.

6 – أبـي زيـد محمد بن أبي الخطاب القرشـي، جمهرة أشـعار العرب، المطبعة الخيرية مصر، ط1، القاهرة، 1330هـ، ص49 – 50.

7 – رولان بـارت، لذة النص، ترجمة: منذر عياشـي، مركز الإنماء الحضاري، ط1، حلب، سوريا، 1992م، ص39.

8 – ابن سـينا، ضمن كتاب فن الشـعر، أرسطو طاليس، ترجمـة وتحقيق: عبد الرحمن بدوي، مكتبة النهضة المصرية، القاهرة، 1953، ص162 – 163.

9 – «خيل: خال الشـيءَ يخالُ خيلاً وخيلة وخالاً وخيلاناً ومخالة ومخيلَة وخيلولة: ظنَّه، وفي المثل من يسمع يخَلْ أي يظُن، وهو من باب ظننتُ»، «وخيَّل فيه الخير وتخيَّله: ظنَّه وتفرَّسَهُ، وخيَّل عليه شـبه، وأخال الشـيءُ اشْتَبَهَ يقال: هذا الأمر لا يخيل على أحد أي لا يُشكِلُ، وشيء مُخِيل أي مشكِل، وفلانٌ يمضي على المُخَيَّل أي على ما خَيَّلتُ، أي ما شَبَّهتُ، يعني على غَرَرٍ من خير يقين، وقد يأتي خِلتُ بمعنى علمت... والسحابة المخيلُ والمُخَيَّلَةُ: التي إذا رأيتها حسبتها ماطرة».

ابن منظور، لسان العرب، دار صادر، ج11، بيروت، ص226 – 227.

«والخيــال: خيـال الطـائر يرتفع في السـماء فينظر إلى ظل نفسـه فيرى أنه صيد فينقضُّ عليه ولا يجد شـيئاً، وهو خاطفُ ظلّه»»، «وتخيل الشـيء له: تشبه وتخيَّل لهُ أنه كذا أي تشبَّه وتخايَلَ: يقال: تخيَّلتـه فتخَيَّلَ لي، كما تقول تصورته فتصوَّر وتبيَّنْتُـهُ فتبيَّن، وتحقَّقْتُهُ فتحقَّق، والخيالُ والخيّالةُ: ما تشـابه لك في اليقظَة والحُلُمُ من صُورة»»، نفسه، ج 11، ص230.

10 – ابن منظور، لسان العرب، مادة خيل، ج 12، المصدر السابق، ص643.

11 – أبو عثمان عمرو بن بحر الجاحظ، كتاب الحيوان، تحقيق: عبد السلام محمد هـارون، مكتبة ومطبعة مصطفـى البابي الحلبي وأولاده بمصـر، ط2، القاهرة، 1385هـ/1965م، ص378 – 379.

12 – نفسه، ص379 – 380.

13 – جابـر عصفور، الصـورة الفنية في التراث النقـدي والبلاغي عند العرب، المركز الثقافي العربي، ط3، بيروت، 1992م، ص15.

14 – جابـر عصفور، الصـورة الفنية في التراث النقـدي والبلاغي عند العرب، مرجع سابق، ص15.

15 – محمـد عابد الجابري، العقل السياسـي العربي، محدداتـه وتجلياته، مركز دراسات الوحدة العربية، ط4، أغسطس، بيروت، 2000م، ص14.

16 – أبو يوسف يعقوب بن إسحاق الكندي، رسائل الكندي الفلسفية، رسالة الكندي في حدود الأشـياء ورسـومها، القسـم الأول، تحقيق: محمد عبد الهادي أبو ريدة، ط2، دار الفكر العربي، القاهرة، 1950م، ص115 – 116.

17 – أبـو نصـر الفـارابي، كتاب السياسـة المدنيـة الملقب بمبـادئ الموجودات، تحقيق: فوزي متري نجار، دار المشرق، ط1، بيروت، 1964م، ص33.

18 – جابـر عصـفور، الصـورة الفنية في التراث النقـدي والبلاغي عند العرب، مرجع سابق، ص24 – 25.

19 – ابن سينا، عيون الحكمة، تحقيق: عبد الرحمن بدوي، دار القلم، ط2، 1980م، بيروت، ص13 – 14.

20 – «وأمـا الحـس المشـترك، فهـو بالحقيقـة غيـر ما ذهب إليه مـن ظن أن للمحسوسـات المشتركة حساً مشـتركاً، بل الحس المشـترك هو القوة التي تتأدى

إليها المحسوسات كلها، فإنه لو لم تكن قوة واحدة تدرك الملون والملموس لما كان لنا أن نميز بينهما قائلين: إنه ليس هذا ذاك»، ابن سينا، الشفاء، الطبيعيات، تحقيق: محمود قاسم، دار ذوي القربى، ط1، 1430هـ، ص145.

21 – ابن سينا، عيون الحكمة، مصدر سابق، ص147.

22 – رسائل إخوان الصفا وخلان الوفا، المجلد الثاني، الجسمانيات الطبيعيات، ج2، دار صادر، بيروت، (د.ت)، ص414.

23 – عاطف جودة نصر، الخيال مفهوماته ووظائفه، الهيئة المصرية العامة للكتاب، ط1، القاهرة، 1984م، ص155.

24 – أرسطو طاليس، كتاب النفس، مصدر سابق، ص104.

25 – أرسطو طاليس، كتاب النفس، مصدر سابق، ص147.

26 – ابن رشد، تلخيص كتاب أرسطو طاليس في الشعر، ضمن كتاب فن الشعر، مصدر سابق، ص215.

27 – نفسه، ص201.

28 – رسائل إخوان الصفا وخلان الوفا، الجسمانيات الطبيعيات والنفسانيات العقليات، ج3، دار صادر، بيروت، بدون سنة، ص420.

29 – يوسف الإدريسي، التخييل والشعر، حفريات في الفلسفة العربية الإسلامية، منشورات ضفاف/ الاختلاف، ط1، بيروت، 2012م، ص77.

30 – أرسطو طاليس، فن الشعر، مصدر سابق، ص12 – 13.

31 – يشير أرسطو إلى أن الشعر وإن ذكر أسماء فإن هذه الأسماء ليست أسماء جزئية موجودة إنما هي رموز ونماذج كلية، لذلك كان أسمى من التاريخ؛ لأن الممكن التاريخي يعد صدى لما وقع، في حين يعد الممكن الشعري ممكناً مطلقاً يُحيل إلى احتمال الإمكان. أرسطو طاليس، فن الشعر، مصدر سابق، ص26 – 27.

32 – نفسه، ص26 – 27.

33 – أرسطو طاليس، فن الشعر، مصدر سابق، ص6.

34 – أبو نصر الفارابي، رسالة في قوانين صناعة الشعراء للمعلم الثاني، ضمن كتاب فن الشعر، مصدر سابق، ص151.

35 – يوسف الإدريسي، التخييل والشعر، مرجع سابق، ص172.

36 – أبو نصر الفارابي، رسالة في قوانين صناعة الشعراء للمعلم الثاني، مصدر سابق، ص155.

37 – نفسه، ص156.

38 – ابن سينا، كتاب الشفا، ضمن كتاب فن الشعر، مصدر سابق، ص121.

39 – نفسه، ص162.

40 – يوسف الإدريسي، الشعر والتخييل، مرجع سابق، ص179.

41 – ابن سينا، كتاب الشفا، ضمن كتاب فن الشعر، مرجع سابق، ص122.

42 – نفسه، ص168.

43 – نفسه، ص161.

44 – ابن رشد، تلخيص كتاب أرسطو طاليس في الشعر، ضمن كتاب فن الشعر، مرجع سابق، ص201.

45 – يفيض ابن رشد في عرض الأساليب البلاغية التي تتحقق التغييرات بها، وتجعل القول شعراً جارياً على غير القول العادي «والتغييرات تكون بالموازنة والموافقة والإبدال والتشبيه، وبالجملة: بإخراج القول غير مخرج العادة، مثل: القلب والحذف والزيادة والنقصان والتقديم والتأخير وتغيير القول من الإيجاب إلى السلب، ومن السلب إلى الإيجاب، وبالجملة: من المقابل إلى المقابل، وبالجملة: بجميع الأنواع التي تسمى عندنا مجازاً» ابن رشد، تلخيص كتاب أرسطو طاليس في الشعر، ضمن كتاب فن الشعر، ص243.

46 – نفسه، ص242.

47 – محمد مفتاح، الشعر وتناغم الكون (التخييل – الموسيقى – المحبة)، شركة النشر والتوزيع – المدارس، ط1، الدار البيضاء، 2002م، ص26.

48 – نفسه، ص25.

49 – أرسطو طاليس، كتاب النفس، مصدر سابق، ص120.

50 – ابن سينا، عيون الحكمة، مصدر سابق، ص39.

51 – محمد بنيس، الشعر العربي الحديث 3، الشعر المعاصر، دار توبقال للنشر، ط2، الدار البيضاء، 1996م، ص46.

52 – محيي الدين بن عربي، الفتوحات المكية، السفر الرابع، تحقيق: عثمان

يحيى، الهيئة المصرية العامة للكتاب، القاهرة، 1412هـ/ 1992م، ص419.

53 – نفسه، ص420.

54 – محمود قاسم، الخيال في مذهب محيي الدين بن عربي، معهد البحوث والدراسات العربية، جامعة الدول العربية، القاهرة، 1969م، ص9 – 10.

55 – عاطف جودة نصر، الخيال مفهوماته ووظائفه، مرجع سابق، ص88.

56 – نفسه، ص94.

57 – «اتجهت عرفانية ابن عربي إلى التمثيل الرمزي لعالم الخيال بالإكسير والمرايا وطينة الخلق الأول، وهو تمثيل تنتهي دلالته إلى تجسيد المعاني في الصور، وإرساء جدلية التقابل، وتأسيس الوجود الأولاني في شكل ما وصفه ابن عربي بالخيال المنفصل تمييزاً له عن الخيال المتصل»، عاطف جودة نصر، الخيال مفهوماته ووظائفه، مرجع سابق، ص94.

58 – هنري كوربان، الخيال الخلاق في تصوف ابن عربي، ترجمة: فريد الزاهي، منشورات مرسم، مطبعة أبي رقراق، ط2، الرباط، 2006م، ص141.

59 – هنري كوربان، الخيال الخلاق، مرجع سابق، ص168.

60 – نفسه، ص187 – 188.

61 – العربي الذهبي، شعريات المُتخيَّل اقتراب ظاهراتي، مرجع سابق، ص74.

62 – عاطف جودة نصر، الخيال مفهوماته ووظائفه، مرجع سابق، ص117.

63 – عاطف جودة نصر، الخيال مفهوماته ووظائفه، مرجع سابق، ص115.

64 – جابر عصفور، الصورة الفنية والبلاغية عند العرب، مرجع سابق، ص51.

65 – عاطف جودة نصر، الخيال مفهوماته ووظائفه، مرجع سابق، ص121.

الفصل الثاني:

مفهوم المُتخيَّل في الخطاب النقدي

1 – أصول التناول في النقد العربي:

1.1 – صيغ المفهوم عند القدماء:

إن مقاربة مفهوم المُتخيَّل تدعو إلى البحث في لبناته المفهومية التي أثارتها صيغه وأشكال اشتغاله الأولى، وإن كانت لا ترقى إلى منزلة التحديد النظري بما هو آلية للاشتغال، لها من الأدوات الإجرائية والأنساق المفهومية، ما يجعلها مؤهلة لفتح دروب أخرى، والولوج من خلالها إلى عوالم الخطاب الشعري، وإذا كانت صيغ هذا المفهوم وتفريعاته الاشتقاقية قد وجدت لها مكاناً مهماً لدى الفلاسفة الذين قادهم البحث في قوى الإدراك إلى الوقوف ملياً عند القوة المسؤولة عن الأفعال الخيالية، وعن مرتبتها ضمن قوى الإدراك وبعدها الوظيفي، فإن انتقال هذه الصيغ ومسمياتها إلى مجال الدرس النقدي والبلاغي العربي كان بديهياً بالنظر إلى طبيعة العلاقة التي ربطت بين الفلاسفة والنقاد؛ لقد أفاد هؤلاء من أبحاث الفلاسفة، وتمثلوا نظرياتهم في سياق اهتمامهم بمجال البحث النقدي والأدبي، وآثروا النظرة العقلانية التي انعكست على تصوراتهم وتناولهم لقضايا الشعرية والأدبية، ولما كان الشعر محور اهتمامهم، فقد كان لا بد من بحث كل ما من شأنه أن يغني ذائقتهم النقدية، وتصوراتهم الجمالية

التي انبنت عليها نظرياتهم حول الشعر والشعرية، كما كان اهتمامهم بالتخييل سبيلاً لا مناص منه، لا سيما وقد خبِروا أهميته، وأفادوا من الفلاسفة الذين طرحوه في سياق شروحاتهم لمباحث علم النفس الأرسطي، كالفارابي وابن سينا وابن رشد، فالشعر قوامه التخييل، وهذا ما صدر عنه النقاد والبلاغيون العرب الذين شكلت أبحاثهم مادة نقدية أساسية لما سيؤول إليه البحث في الشعرية بشكل عام.

لقد لقي الشعر ــ باعتباره ديوان العرب ــ اهتماماً بالغاً من النقاد، حيث كان محور اشتغالهم، ومادة أساسية لصوغ نظرياتهم، وتاريخ الأدب يشهد بما حفلت به مصنفاتهم وبما تضمنته كتبهم من مباحث لم يخرج معظمها من دائرة البحث البلاغي، وهي التي قاربت الشعرية العربية، وطرحت أسئلة ملحة حول أدبية الأدب، وأثارت عدداً من القضايا كالصدق والكذب واللفظ والمعنى وغيرها من المباحث التي استأثرت باهتمام النقاد الذين مالوا إلى الموازنات، ومساءلة القضايا البلاغية المرتبطة بالنص الشعري. لكن السؤال الذي يطرح نفسه في هذا السياق هو: ما مدى نجاح النقَّاد في الاقتراب من جوهر الشعرية، وهم الأوفر حظاً من الفلاسفة من حيث درجةُ قربهم من النص الأدبي، واستعداد ذائقتهم لتلقي شبكاته التخييلية؟ وما سر هذا الانكفاء الذي طبع معظم مباحثهم على ما يتلاءم مع النزعة العقلانية التي تسربت إليهم بسبب أثر الدرس الفلسفي عليهم؟ وما مدى استثمارهم للنظرية الفلسفية في تعميق البحث في شؤون الشعرية؟ ثم هل استطاعت المباحث البلاغية التي رصدت ــ وهي تقارب الشعرية ــ مباحث الغلو والحقيقة والمجاز وغيرها أن توفي الشعر حقه، وهو الذي لا

يحتكم لقانون التحديد والثبات بفعل جوهره المتحرك وهو التخييل؟

لم يفت المباحث النقدية القديمة التي تناولت الشعر العربي، أن تقف أولاً وابتداء عند حدِّه وماهيته قبل أن تخوض في قضاياه التي ارتبطت بشكل جذري بطبيعة تصورهم للشعر، فقد كان معظمها يُعيد قوام الشعر إلى إحكام صنعته وانتظام أشكاله، وحسن ترتيب ألفاظه، وسلوكه مسلك الطبع الأصيل والذوق الفريد. وبذلك، يتحول الشعر بهذا المعنى إلى أبنية لغوية لها معنى، أساسُ التمييز فيها جودة الانتظام، وصحَّة الطبع والذوق، أما الخيال – بوصفه عنصراً أساسياً في العملية الشعرية – فقلما أثار اهتمام النقاد الأوائل، وكثيراً ما ربطوه بالخواطر الفاسدة، وبالأوهام المخادعة التي لا تنتج سوى الحيرة، فهذا الجاحظ يقول: «والتخييل ضروب،: تخييلٌ من المِرَار، وتخييل من الشَّيطان، وتخييل آخر كالرجل يعمِد إلى قلبٍ رطْبٍ لم يتوقَّحْ وذهن لم يستمرَّ، فيَحْمِله على الدقيق وهو بعْدُ لا يفي بالجليل، ويتخطَّى المقدّمات متسكِّعاً بلا أمَارة، فرجع حسِيراً بلا يقين، وغبَرَ زَمَاناً لا يعرف إلا (الشكوك و) الخواطرَ الفاسدة، التي متى لاقت القلب على هذه الهيئة، كانت ثمرتها الحيرة. والقلب الذي يفسُد في يومٍ لا يداوى في سنة، والبناءُ الذي يُنقض في ساعة لا يبنى مثله في شهر»[1].

إن مثل هذا التصور يعلن عن النظرة الدونية التي لاحقت الخيال، وما ينجم عنه من أفعال لا يستسيغها العقل ولا تقبلها الرَّوية، وطبيعي أن تنعكس هذه النظرة على تصور هؤلاء للشعر وطبيعته ووظيفته، وإذا كان الفلاسفة قد أفردوا للخيال مباحث خاصة ضمن تصنيفهم

لقوى الإدراك، وتحدثوا عن صلته الوثيقة بالأقاويل الشعرية «ونقول نحن أولاً: إن الشعر هو كلام مخيّل مؤلف من أقوال موزونة متساوية، وعند العرب مقفاة»[2]، فإن كثيراً من المشتغلين على الشعرية العربية أغفلوا هذا الجانب، أو لم يحرصوا على استثماره وتفعيله في سياق تحديدهم لطبيعة الشعر وماهيته، فظل عندهم ـ وإن وصل صداه من المباحث الفلسفية ـ بعيداً أو موقوفاً على المباحث النفسية، فهذا ابن طباطبا العلوي يعرف الشعر بقوله: «الشعر ـ أسعدك الله ـ كلام منظوم، بائن عن المنثور الذي يستعمله الناس في مخاطباتهم، بما خص به من النظم الذي إن عدل عن جهته مجّته الأسماع، وفسد على الذوق. ونظمه معلوم محدود، فمن صح طبعه وذوقه لم يحتج إلى الاستعانة على نظم الشعر بالعروض التي هي ميزانه، ومن اضطرب عليه الذوق لم يستغن من تصحيحه وتقويمه بمعرفة العروض والحذق به، حتى تعتبر معرفته المستفادة كالطبع الذي لا تكلف معه»[3].

إن التحديد هنا قائم على انتظام الكلمات، مختلف عن منثور الكلام بوزنه، أما ما يشِي بمصدر صناعة الصور، ومبعث تركيبها، فغائب عن هذا التحديد، فهذا التعريف كما يقول الدكتور جابر عصفور: «لا يهتم بالجانب التخيلي من الشعر، من حيث مصدره أو تأثيره، وإنما يهتم بالشعر في ذاته باعتباره بنية لغوية منتظمة على أساس من الطبع والذوق. ولقد استقر ـ في عصر ابن طباطبا ـ تعريف الشعر عند الفلاسفة على أنه «الكلام المخيل» الذي ينشأ عن فاعلية «المخيلة» عند المبدع، ويحدث تأثيره بتحريك قوة المخيّلة عند المتلقي، لكن ابن طباطبا لا يلجأ إلى هذا التعريف الفلسفي، ربما لأنه فهم «التخيل»

70

باعتباره خاصية أدبية في الفن الأدبي بعامة، يمكن أن ينطوي عليها الشعر والنثر على السواء. وبذلك، يظل أساس التمييز في الشعر هو الانتظام اللغوي المتميز للشكل»[4].

إن أهم ما شغل ذائقة النقاد القدماء هي النظرة المعيارية التي بها تكون صناعة الشعر محكمة، وقواعده مقننة. وبذلك، راهنوا على الشروط التي رأوها علمية تُحكم صنعة الشعر وتمكِّن من الحكم عليه في نفس الآن. وبذلك، طغت النظرة العقلانية التي كانت عادة ما تبدأ بوضع حدٍّ للشعر قبل الخوض فيما يحقق الشعرية.

لقد كان لسلطة المعيار من القوة والنفوذ ما جعلها تحصن النظرة العقلانية التي شكلت مرجعية أساساً لتصورات النقاد وطبيعة تناولهم للشعر، فلم ينل عنصر الخيال الذي ظلَّ في مراتب دنيا، حقَّه من الاعتبار في بناء النص الشعري، وتشكيل أبنيته الصورية التي بها يكون ويتميز، فكان الحديث عن الأعاريض والموازين والألفاظ والمعاني، سيِّد الموقف النقدي في القرن الرابع الهجري وما قبله. وليس بعيداً عن هذا التصور ما نجده عند ابن رشيق القيرواني في وصف ما يسمى شعراً عند العرب، وما يعتبر شروطاً معيارية، لكنه كذلك يقول في هذا الصدد: «وكان الكلام كله منثوراً، فاحتاجت العرب إلى الغناء بمكارم أخلاقها، وطيب أعرَاقِها، وذكر أيامها الصالحة، وأوطانها النازحة، وفرسانها الأمجاد وسمحائها الأجواد، لتهز أنفسها إلى الكرم، وتدل أبناءها على حسن الشيم، فتوهموا أعاريض جعلوها موازين الكلام، فلما تم لهم وزنه سموه شعراً؛ لأنهم شعروا به، أي فطنوا»[5].

ليس من الغريب إذن أن تتناغم المواقف النقدية، وتلتقي – رغم اختلافها في طبيعة تناولها للمسألة الشعرية – في نقطة تقاطع تُوثِر الاهتمام بالأبنية الشكلية، والقوانين المعيارية التي تحدد ماهية الشعر وطبيعته، حيث يصبح كل عدول عن المعيار المتفق عليه سلفاً خروجاً عما يقتضيه الطبع السليم، وما تستدعيه الذائقة المعروفة، لتطغى بذلك النظرة المقصدية العقلانية التي لا يمكنها أن تستسيغ ما دون ذلك من مكونات تمنح للشعر طاقات متجددة قابلة للتحول والعدول عن سلطة المعيار، وتفتح آفاق اشتغاله على مناطق أخرى من شأنها تحريك الطاقة الخلاقة عند المبدع والمتلقي على السواء، ويرجع الدكتور جابر عصفور سبب طغيان هذه النظرة إلى التقصير في استيعاب الأطروحات الفلسفية التي تناولت الموضوع، وإلى عدم إدراك الناقد العربي لعمقها الذي كان من الممكن جداً استثماره بما يُغني المباحث الشعرية بشكل فعال. لقد قدم النقد العربي ما يمكن اعتباره لبناتٍ أساسية أسهمت في بناء الصرح النقدي «ولكن علينا أن ننتبه إلى حقيقة لا سبيل إلى إنكارها، وهي أن الناقد العربي – بوجه عام – لم يحاول أن يفيد الإفادة المرجوة أو الواجبة من التراث الفلسفي الذي كان متاحاً له. لقد ظل مشغولاً بالجوانب العملية، وبالتطبيقات الجزئية الضيقة، التي تتمثل في السعي وراء اكتشاف السرقات، أو الموازنة الجزئية بين الأبيات دون أن يتجاوز ذلك إلا في القليل النادر، ودون أن يهتم الاهتمام الواجب بالمشكلات النظرية العميقة التي تطرحها الظاهرة الأدبية، والتي لا يمكن معالجتها إلا في ظل تصورات فلسفية ذات طابع كلي شامل. لقد ظل الناقد العربي – في الأغلب الأعم – جاهلاً بالمعارف الفلسفية التي كان يمكن أن تثري

حدوسه الجزئية أو إشارته العابرة إلى علاقة الشعر بالواقع وتشكيله لعالم تخيلي جديد»⁽⁶⁾.

إن الاشتغال على الشعر وقوانين صناعته، جعل النقاد يؤسسون لتصورات نظرية تتفق في كثير من أطروحاتها، رغم اختلافها في طريقة المعالجة والتحليل، وتؤثر الحديث عن الشعر في علاقته بالمباني والمعاني، وتفحص بطريقة عقلانية مدى قدرة الشاعر على تمثل هذه القوانين ومدى إحكامه صنعتها، دون أن تفتح الطريق النقدي على منافذ أخرى مسؤولة عن توقد العملية الشعرية، وعن أشكال تبنّيُنها. وبذلك، ظل الحديث عن التخييل – باعتباره جوهر العملية الشعرية – ضبابياً إن لم يكن غائباً. لقد تعاقبت الأطروحات والنظريات النقدية التي اهتمت بالظاهرة الأدبية والشعرية على الخصوص، وطبيعي أن يقود البحث النظري، الذي لا يتوانى في طرح الأسئلة الجديدة، إلى مساءلة ما سبقه أو الانتباه لما تم إغفاله ولو بشكل تدريجي ضمني، لذلك بدأ البحث في الشعرية يتخذ منحى آخر قارب جوانب أخرى، واستفاد مما أصَّله الأوائل، كما استدرك ما فاتهم أو ما غفلوا عنه، فبدأ المُنجَز النقدي العربي القديم يطرح قضايا ترتبط بالأثر الشعري، ويُسائل المناحي النفسية الناظمة له على مستوى القول والتلقي في نفس الآن، لذلك يمكن اعتبار ما أورده بعضهم عن الباعث والأثر النفسي للشعر، لبنة أساسية ستنبني عليها تصورات نقاد المراحل الموالية، الذين انتبهوا لأهمية التأثير الذي يمارسه القول الشعري على السامع/ المتلقي، ولفاعلية هذا الأخير في استقبال روعة التصويرات، والتفاعل معها بما يُسهم في بناء

المعاني، وفي تحريك الطاقة المستقبِلة لديه، واعتبارها أساس وجود الأثر الشعري، وسرَّ تميُّزه؛ فقد اعتبر عبد القاهر الجرجاني أن جودة التصوير مرتبطة بما تتركه التخييلات في نفوس المتلقين، واعتبرها مسؤولة عما ينجم عنها من افتتان واستحسان وانفعال. يقول في هذا الصدد: «فالاحتفال والصنعة في التصويرات التي تروق السامعين وترُوعهم، والتخييلات التي تهز الممدوحين وتحركهم، وتفعل فعلاً شبيهاً بما يقع في نفس الناظر إلى التصاوير التي يشكلها الحُذَّاق بالتخطيط والنقش، أو بالنحت والنقر. فكما أن تلك تعجب وتخلب، وتروق وتؤنق، وتدخل النفسَ من مشاهدتها حالةٌ غريبة لم تكن قبل رؤيتها، ويغشاها ضرب من الفتنة لا يُنكَر مكانه، ولا يخفى شأنه، فقد عرفت قضية الأصنام وما عليه أصحابها من الافتتان بها، والإعظام لها، كذلك حكم الشعر فيما يصنعه من الصور، ويشكله من البدع، ويوقعه في النفوس من المعاني»[7].

إن الجرجاني وهو يتحدث عن روعة التصوير وإحكام صنعته، يثير أهمية وقعِه في النفوس، ويجعل الانفعال بتخييلاته، دليلاً على الحذق والشاعرية، وهو بذلك يلقي الضوء ولو بشكل ضمني على هذا الجانب الذي غاب في سياق الحديث عن الأعاريض والأوزان والألفاظ والمعاني وغيرها مما رآه النقاد منبعاً للشعرية، فإدراك المعاني الغريبة، وكشف سر الشعرية يتم من خلال هذا التفاعل بين النص والقارئ، وبما يدخل نفسه من حالات الافتتان، وهذا مبتدأ التلميح إلى الطابع الحركي الذي تتسم به العملية الشعرية أثناء الإبداع والحذق في التصوير، وأثناء التلقي والانبهار بسحر الصور، وإلى

أهمية عنصر الخيال في إحداث هذه الحالة العجيبة الغريبة.

غير أن الحديث عن التخييل عند عبد القاهر ارتبط بثنائية الحقيقة والادعاء، حيث جعل حدَّه قائماً على إثبات ما ليس ثابتاً في الأصل، بشكل يتماهى فيه الخداع والكذب، ويعلو فيه الادعاء على المقبولية العقلية. وبذلك، يصبح التخييل في تصوره مقترناً بكل ما يفتقد السند العقلي وبما يستعصي على التحصيل «وجملة الحديث الذي أريده بالتخييل ههنا ما يثبت فيه الشاعر أمراً غير ثابت أصلاً، ويدعي دعوى لا طريق إلى تحصيلها، ويقول قولاً يخدع فيها نفسه، ويريها ما لا ترى»[8].

إن ما يصدر عنه عبد القاهر الجرجاني، يُحِيل إلى توزُّع تصوره بين شرط الحقيقة الذي تنبني عليه الاستعارة والتشبيه، وشرط الادعاء الذي يقوم عليه التخييل من خلال تناسيه وبُعده عن إواليات التشبيه باعتباره مكوناً مركزياً لكل فعل تخييلي، لذلك وجدناه يميز بين التخييل المعلل وغير المعلل[9]، وبين ما كان غير معلل وخرق القاعدة، وجرى على غير العادة مما يخرج السامعين إلى التعجب «وهذا نوع آخر من التخييل، وهو يرجع إلى ما مضى من تناسي التشبيه، وصرف النفس عن/ توهُّمه، إلا أن ما مضى معلَّل، وهذا غير معلل، بيان ذلك أنهم يستعيرون الصفة المحسوسة من صفات الأشخاص للأوصاف المعقولة، ثم تراهم كأنهم قد وجدوا تلك الصفة بعينها، وأدركوها بأعينهم على حقيقتها، وكأن حديث الاستعارة والقياس لم يجرِ منهم على بال، ولم يروه ولا طيف خيال»[10].

هكذا، يُقيم الجرجاني هذا التقابل الواضح بين الاستعارة والتشبيه

– باعتبارهما مرتبطين بمقومات الاستدلال العقلي – وبين التخييل بحكم تناسيه لهذا الأصل ودخوله في خانة الادعاء. وبذلك، تتضح مركزية المقبولية العقلية التي تجد مسوغاتها في انبناء الفعل التخييلي على الأصل الاستعاري الذي يخضع للتناسي، ويغيب بالإيهام والادعاء «فأما الاستعارة فإن سبيلها سبيل الكلام المحذوف، في أنك إذا رجعت إلى أصله، وجدت قائله وهو يثبت أمراً عقلياً صحيحاً، ويدَّعي دعوَى لها سنخٌ في العقل»[11].

لذلك، يصبح الشرط العقلي سنداً للتمييز بين الاستعارة والتخييل رغم انبنائه عليها، بل إن الجرجاني لا يدخلها في صنف التخييل؛ «واعلم أن «الاستعارة» لا تدخل في قبيل «التخييل» لأن المستعير لا يقصد إلى إثبات معنى اللفظة المستعارة، وإنما يعمد إلى إثبات شبه هناك، فيكون مخبَرُه على خلاف خبَرِه»[12].

1.2 – التخييل عند حازم القرطاجني:

تكتسي اللبنات الأساسية التي وضعها التفكير النقدي والبلاغي عند عبد القاهر الجرجاني، أهمية بالغة رغم طابعها التلميحي والضمني، حيث سيسلك النظر إلى المسألة الشعرية مساراً أكثر عمقاً مع حازم القرطاجني، الذي شكلت أبحاثه منعطفاً فريداً في تاريخ النقد العربي، أفاد في بنائها مما أصَّلته المباحث الفلسفية، وألقى الضوء من خلالها على ما ظل غائباً ومعتماً في التصورات النقدية السابقة.

إن التحول في مسار الرؤية النقدية عند حازم القرطاجني بدأ من

تصوره للشعر وبيان حدِّه، ليتخذ لنفسه بذلك منهجاً مُفارقاً أعاد النظر فيما رسَّخته الرُّؤى النقدية والبلاغية حول الشعر والشعرية، بل أسهم بشكل جذري في خلخلة الثوابت التي تواضع عليها النقاد والبلاغيون، وقد تأتَّى له ذلك من خلال الإفادة العميقة من المباحث الفلسفية التي لم تنعكس آثارها على ما سطره النقاد حول الشعر، بل تجاوز الأمر عند حازم حدود ما بلغت إليه تصورات الفلاسفة بحكم عميق انشغاله بالمسألة الشعرية، وجميل تفاعل الشأن النظري والعقلاني بالشأن الشعري، لقد لقِيَ التخييل ــ وهو جوهر الشعر الذي فتح الفلاسفة صدَفه ــ عناية بالغة عنده،، حيث شكل محور نظريته النقدية، وانبنت على طبيعته وبنيته التكوينية ووظائفه النفسية، كل التصورات التي صاغها حول الشعر والشعرية، فالشرط الأساس الذي لا يكون الشعر إلا به هو التخييل، وهذا ما كشفه القرطاجني في تعريفه للشعر، يقول في هذا الصدد: «الشعر كلام مُخَيِّل موزون، مختص في لسان العرب بزيادة التقفية إلى ذلك والتئامه من مقدمات مُخيِّلة، صادقة كانت أو كاذبة لا يشترط فيها ــ بما هي شعر ــ غير التخييل»[13].

لقد راهن حازم على البحث في عمق النظرية الشعرية، وعلى الغوص في قضاياها التي يحق لها أن تحظى بالعناية والأولوية، فالوقوف عند ظواهر الأشياء ومرائي الأشكال، لا يمكنه بأي حال أن يضيء مجالات البحث، ولا أن يكشف أسرار الشعرية التي تتعدد منافذ الوصول إليها، والشعر عنده لم يقتصر ــ كما هو الحال عند أسلافه ــ على كونه كلاماً موزوناً مُقفى، ولكنه قبل ذلك كله تجلٍّ لغوي صوري لنشاط ذهني، يصبح فيه التخييل محور الأمر كله، بل شرطه

الأساس الذي لا يكون إلا به، ولعل هذه الطفرة النوعية التي شهدها المُنجَز النقدي العربي مع حازم دليل على حنكة هذا الأخير، وعلى حسن استثماره لما خلصت إليه المباحث الفلسفية في هذا المجال، حيث شكَّل انتقال الاشتغال على الخيال والتخييل – باعتبارهما مادة المباحث الفلسفية النفسية – إلى مجال النقد الأدبي والبلاغي، تحوُّلاً فارقاً كان له كبير الأثر في الشعر والشعرية، فقد كان لشروح الفارابي وابن سينا وابن رشد للنظريات التي أثارتها المباحث الفلسفية اليونانية، لا سيما الأرسطية تأثيرها الكبير في مجال الدرس النقدي العربي، وسيصبح هذا التأثير أكثر فاعلية وعمقاً من خلال أبحاث القرطاجني، التي شكلت استثناء فريداً من حيث عمقُ التناول، وفرادةُ التحليل، وحسنُ استثمار ما خلصت إليه الأبحاث الفلسفية في مجال الدرس النقدي، إذ لم يفت حازماً أن يثير قضية التناقض المفترض بين الخيال، وما يُحيل إليه من مُجانبةٍ للحقيقة والصدق، وبين العقل وما يقتضيه من يقين، وهي القضية التي سبق أن أثارها الفلاسفة في معرض حديثهم عن البعد السيكولوجي للتخييل، باعتباره مناط التأثير والتأثر دون أن يكون لذلك علاقة بصدق الأقوال أو كذبها. يقول ابن سينا: «والمخيِّل هو الكلام الذي تذعن له النفس فتنبسط عن أمور وتنقبض عن أمور من غير روية وفكر واختيار، وبالجملة تنفعل له انفعالاً نفسانياً غير فكري، سواء كان المقول مصدَّقاً به، أو غير مصدَّق، فإن كونه مصدقاً به غير كونه مُخيلاً أو غير مخيل: فإنه قد يصدَّق بقولٍ من الأقوال ولا ينفعل عنه، فإن قيل مرة أخرى وعلى هيئة أخرى انفعلت النفس عنه طاعة للتخييل لا للتصديق»[14].

لقد أفاد القرطاجني في بناء نظريته مما طرحه ابن سينا حول

البعد السيكولوجي الذي ينطوي عليه التخييل، وما ينجم عنه من انفعال للنفس وطاعتها، بعيداً عن مفاهيم الصدق والكذب، وهو ما ميز أبحاثه عن المباحث النقدية والبلاغية السابقة التي أغفلت هذا البعد، وظل بعضها مُوقناً بثنائية التعارض بين الخيالي والعقلي، غافلاً عن التخييل الذي هو جوهر الشعر وشرطه الأساس، وقد جاء ذلك في معرض مقارنته بين الصناعة الخطابية والصناعة الشعرية[15]، ولما كان التخييل الذي هو أساس الشعر غير مُنافٍ لليقين، فقد وجب «أن تكون الأقاويل الشعرية اقتصادية كانت أو استدلالية غير واقعة أبداً في طرف واحد من النقيضين اللذين هما الصدق والكذب، ولكن تقع تارة صادقة وتارة كاذبة، إذ ما تتقوم به الصناعة الشعرية وهو التخييل، غير مناقض لواحد من الطرفين، فلذلك كان الرأي الصحيح في الشعر أن مقدماته تكون صادقة وتكون كاذبة، وليس يعد شعراً من حيث هو صدق ولا من حيث هو كذب، بل من حيث هو كلام مخيَّل»[16].

لقد تجاوز القرطاجني النظرة الشكلية التي تحصر الشعر في الأوزان والقوافي، لِيُقرَّ أن الشعر لا يكون شعراً إلا من حيث هو كلام مُخيل، ويكون التخييل بذلك هو جوهر الشعر وقوامه، بل إن نظرته للتخييل، بلغت من العمق ما جعلها تختلف عما وَقرَ في المباحث السابقة من ارتباط الخيال بالوهم، ووقوعه على طرف النقيض من العقل واليقين.

إذا كان القرطاجني قد خبِرَ ما رسخته الشروحات الفلسفية العربية حول الخيال والتخييل، وبنى مشروعه النقدي على المرجعية

الأرسطية السينوية من خلال حسن استثمار مفهوم المحاكاة، فإنه ألقى الضوء بارزاً على الطابع الحركي للخيال، وعلى ارتباطه بشكل قوي بحالات الانفعال النفسي المتبادل بين المبدع والمتلقي، وما ينجم عنها من تفاعل مفترض بينهما، واعتبر ذلك سر الشعرية الكامنة في النص. وبذلك، فالتركيز على دور السامع/ القارئ في إنتاج المعنى، وفي تفعيل طابعه الحركي المرتبط بتعدد القراء واختلاف مستويات تفاعلهم، هو ما ميز عمق البحث النقدي عند حازم، وشمولية مقاربته وبُعد نظره. «والتخييل أن تتمثل للسامع من لفظ الشاعر المخيِّل أو معانيه أو أسلوبه ونظامه، وتقوم في خياله صورة أو صور ينفعل لتخيلها وتصورها أو تصوُّر شيء آخر بها انفعالاً من غير روية إلى جهة الانبساط أو الانقباض»[17].

إن الانفعال الذي يحدث عند السامع/ المتلقي، والذي تنتفي خلاله «الروية» ويتعطل «الفكر» لتنشط حالات الإذعان والافتتان والالتذاذ، يكشف عن سلطة التخييل، وعن قوته القاهرة التي بها تتحقق للخطاب شعريته وخصوصيته التي تميزه عن كافة أنواع الخطاب. وبذلك، يُحِيل حازم – بهذا التصور – إلى عمق العلاقة بين السيكولوجي والشعري، وهو الأمر الذي ظل غائباً في سياق النظرة التجزيئية الفاصلة بين كليهما، ويعلن عن هذا التعالق الناظم لهما، والمسؤول بشكل كبير عن توليد المعاني، وحركيتها، ثم إن إثارة ثنائية المبدع/ القارئ، ودورها الفاعل في بناء الدلالة، وفي تقصي سُبل الشعرية، هو ما يثمن نظرته المختلفة والشاملة.

هذه القيمة التي منحها القرطاجني للقارئ/ السامع – باعتباره

قطباً رئيساً في إنتاج الدلالة بناء على ما يحدثه التخييل في نفسه من انفعالات بها يكون ميل النفس إلى القبض أو البسط – لا تقِلُّ عن تلك التي منحها لمبدع النص وهو يُوقِد المعاني بقدرته على التخيل، فـ«الشاعر أول من يمر بتجربة التخيّل والتخييل، لأنه في لحظة الكتابة ذات مزدوجة، منشئ ومتلق، قرين يتخيل، فيخيّل لنفسه أولاً قبل أن يخيّل للمتلقي، وهو بذلك، الطرف الأول الفاعل والمنتج لشبكة الصور بفضل قوة تخيله وقدرتها على التركيب المدهش والعجيب»[18].

لقد بين حازم أن الطريق الذي تقتبس منه المعاني يكون بالقوة الشاعرة، تلك التي بها يحسن الإمساك بقواعد الصناعة الشعرية. وبذلك، يكون الشاعر في نظره قطباً رئيساً في العملية الشعرية التي لا يمكنها أن تطاول سقف الشعرية إلا بمدى علو كعبه في تمثل هذه القوى[19] التي من أهمها تلك التي سماها: «القوة على تخيُّل المعاني بالشعور بها واجتلابها»[20]، وهي القوة الرابعة ضمن ترتيب القوى.

إن هذا الالتفات الذكي للطابع التفاعلي والحركي الذي يميز علاقة المبدع بالقارئ، ويسهم في تحريك النفوس المرسِلة والمستقبِلة من خلال فاعلية التخييل، هو ما يومئ إلى النظرة الاستشرافية التي ميزت تصورات حازم، ويكشف بكل عمق عن بعد نظره النقدي.

ولم يفت حازماً أن يقف عند البنية التكوينية للنص الأدبي، ويعتبرها مجالاً يخصُب بالتخييل، والالتفات إلى النص باعتباره قطباً آخر من أقطاب العملية الشعرية دليل على شمولية نظرته النقدية،

وعلى اتساع رؤاها لتشمل كل ما من شأنه أن تتحقق الشعرية بوجوده وحركته التفاعلية، لا سيما وأنه جعل التخييل مُحيطاً بكل المكونات النصية التي تتضافر جميعها في تشكيله وبنائه من حيث المباني والمعاني والألفاظ والأساليب والأوزان، وجدير بالتنويه هذا التصور الذي يعيد بناء العلاقة الناظمة للتخييل – بوصفه أثراً نفسياً لما تحدثه قوة ملكة الخيال – وللعملية الشعرية في شموليتها دون تجزيء أو حصر، بحيث تصبح كل العناصر مُنقادةً لفعله السِّحري حتى لو كانت ألفاظاً وأوزاناً، ليتضح بذلك تصوره العميق والاستشرافي ليس للتخييل فحسب، ولكن لمفهوم النص أيضاً؛ «والتخييل في الشعر يقع من أربعة أنحاء: من جهة المعنى، ومن جهة الأسلوب، ومن جهة اللفظ، ومن جهة النظم والوزن»[21].

إن الاهتمام بالنص في نظرية حازم القرطاجني تأتي في سياق تتبعه لمنابع الشعرية، وتعقبه لأثرها البادي على مختلف المستويات، وكشفه عن مقوماتها التي لم تنل حقها من الاهتمام والعناية عند سابقيه، لذلك، راهن مشروعه النظري على الإحاطة الشاملة بمختلف المكونات التي من شأنها الكشف عن مستويات الشعرية، من بينها المكون النصي، وإذا كان التخييل هو حجر الأساس الذي تقوم عليه العملية الإبداعية، فإن أثره في النص يكون بما يُحدثه فيه من تفاعل علائقي بين عناصر الشبكة النصية المعقدة والمتشابكة، فالنص لا يبلغ سقف الشعرية ولا يطاوله إلا إذا عني بشروطه التكوينية، وبلغ حد الإغراب والتعجيب الذي بهما يتميز عن عادي الكلام، وبهما يقع التأثير في المتلقي، يقول: «وللنفوس تحرك شديد للمحاكيات

المستغربة؛ لأن النفس إذا خيّل لها في الشيء ما لم يكن معهوداً من أمر معجب في مثله وجدت من استغراب ما خيل لها مما لم تعهده في الشيء ما يجده المستطرف لرؤية ما لم/ يكن أبصره قبل. ووقوع ما لم يعهده من نفسه موقعاً ليس أكثر من المعتاد المعهود»[22].

بفضل هذا «التعجيب» يتسع الأفق الجمالي للمحاكاة التي تبتعد عن نموذج المحاكى، وتفسح المجال أمام حالات جديدة لم تعهدها النفس، فيحصل هذا التجاوب المفترض بين بنية النص وشروط تلقيه في نفس الآن، ويسيران جنباً إلى جنب لتحقيق غاية الشعرية المرتجاة. إن التعجيب والاستغراب بهذا المعنى درجة لبلوغ الشعر المرتبة العليا، ودليل على وقوع التخيل موقعاً حسناً يُؤتي أُكله على مستويات التلقي «ويحسّن موقع التخييل من النفس بأن يترامى بالكلام إلى أنحاء من التعجيب، فيقوى بذلك تأثر النفس لمقتضى الكلام»[23].

يستمد التخييل الذي اعتبره حازم محور العملية الإبداعية، وأقام مشروعه النظري على أهميته وفاعليته، بنيته المفهومية من تصوره لمفهوم المحاكاة، التي يحدد أشكال حدوث الفعل التخييلي بناء عليها، وإذا كان الطرح النظري الذي اعتمده القرطاجني، يراهن على الدقة في بناء المفاهيم وفي اقتراح معادلاتها، فإنه ظل مرتبطاً بالتصور السائد الذي قرن المحاكاة – باعتبارها معادلاً للتخييل – بالتشبيه، وهذا يُحيل إلى مركزيته، وحضوره المحوري في النظرية الشعرية العربية، واقترانه بما آل إليه البحث في مجال التخييل الشعري، فتردُّد هذا المفهوم في غير ما موضع، قد يشير كما يرى بعض الباحثين إلى «أن نظرية التشبيه والاستعارة (المشابهة) هي التي ظلت

إبستمولوجياً، تحكُم نظرية المحاكاة/ التخييل، في المجال العربي الإسلامي، وليس العكس، باعتبار حازم ممثلاً لمجهود التركيب بين النقدي/ البلاغي الشعري والتنظير الفلسفي، أي اقتراباً من حدود أحد الأسقف الممكنة للشعرية العربية»[24].

لقد أضاء القرطاجني مناطق معتمة في مفهوم التخييل، باعتباره جوهر العملية الشعرية وقوامها الذي تتأسس عليه، كما أعاد الاعتبار للأقطاب الرئيسة المكونة للفعل الشعري من خلال تتبع شبكة العلاقات الناظمة لفاعلية هذه الأقطاب، وأهميتها مجتمعة في تحقيق الشعرية، وتعالق بعضها ببعض، بما يُنبئ عن النظرة الشمولية المحيطة بكل جوانب العملية الشعرية، وعن التصور النظري العميق الذي يحسن استثمار المرجعية التي يصدر عنها، إلا أن حازماً ربط المحاكاة ــ بما هي معادلٌ للتخييل ــ بالشروط العقلانية التي تحصر الفعل التخييلي فيما يقبله الذوق العقلي، وما يتم فيه استعادة ما هو موجود مسبقاً في الواقع، لا استغراقاً فيما هو مجهول يُنكر، إذ «ينبغي أن يكون المثال المحاكى به معروفاً عند جميع العقلاء أو أكثرهم بالسجية، ولا يحسن أن يكون ممّا يُنكَر ويجهل»[25].

يرتبط التخييل الشعري إذن، بهذا المعطى العقلاني الذي يقبل ما يستسيغه الذوق العقلي، ويقصي من سقف الشعرية كل ما جانب حدود المقبولية العقلية، والفهم العام الذي لا يقبل وضع المستحِيل، ولا يدرجه ضمن حدود الشعرية، بل ويسلب الفعل التخييلي ــ رغم حركيته وفاعليته ــ القدرة على ملامسته، مما يُحِيل إلى أولوية الطرح العقلاني المُهيمِن على النظرية النقدية عند حازم، وعلى ارتباطه بما

أصَّلته المباحث الفلسفية الأرسطية والسينوية التي شكلت مرجعيته النظرية. «لقد كان حازم مفتوناً – برغم ما أبدى من ملاحظات صائبة – بطرائق المتفلسفين والمتكلمين وأهل صناعة المنطق في التصنيف واستقصاء التقسيم، وكأنه رغب في أن يقنن للشعر، وأن يضع للخيال الفني معايير يقاس بها ويعرض عليها» [26]. وبذلك، يظل الطرح العقلاني القائم على التصنيف والتقسيم، محور المباحث التي قاربت نظرية الخيال في التراث النقدي البلاغي.

2 – المُتخيَّل في الخطاب النقدي الغربي من المحاكاة إلى الإبداع:

2.1 – المحاكاة وشعرية المشابهة:

لقد ظل الاشتغال على مفهوم الخيال بمختلف تفريعاته، واقترانه الطبيعي والبنيوي بالعملية الشعرية، رهين النموذج المحاكاتي المُحيل ضمنياً إلى شعرية المشابهة، رغم التنوع الذي طبع زوايا النظر في المباحث الفلسفية والنقدية البلاغية، ورغم التفاوت في قدرتها على النفاذ إلى عتماته الموغلة في العمق، وعلى تحديد درجات فاعليته ومسؤوليته الفنية والجمالية على بلوغ سقف الشعرية؛ فالمحاكاة بوصفها غريزة مُميزة لطبيعة الجنس البشري، هي في نظر أفلاطون العنصر الأول الموجِّه للفعل الخيالي الذي يُعيد إنتاج ما تلقَّفه الحسُّ من مُدركات، ومن ثمَّة تُختزل العملية الفنية والشعرية في سلسلة من التماثلات المفترضة بين ما يوجد في الواقع، وما يُعيده الفعل الخيالي/ المحاكاتي من تقليد لواقعٍ هو في حدِّ ذاته نسخة ومثال للفكرة

المطلقة. وبذلك، يطرح النسق الفلسفي الأفلاطوني هذا التقابل بين ثنائية الواقعي والخيالي، المعادل للحقيقة والكذب، ويُثير هذه النزعة التَّراتبية التي تضع الفنان – باعتباره مُحاكياً من الدرجة الثانية – في مرتبة أدنى بسبب بُعده عن مطابقة المثال، ليأخذ الخيال/ المحاكاة نفس الدرجة البعيدة عن عالم المثال. وقد امتدت نظرية المحاكاة لتشمل التصور الفلسفي الأرسطي، وإن كان أرسطو لم يحصر نتائج الفعل المحاكاتي في هذه التراتبية المرتبطة بإعادة إنتاج ما هو كائن فقط، لأن الشاعر – باعتباره مُحاكياً – مهمته إنتاج الصور وصناعتها، فهو «يصور الأشياء إما كما كانت، أو كما هي في الواقع، أو كما يصفها الناس وتبدو عليه، أو كما يجب أن تكون»[27].

إن هيمنة التوصيف المحاكاتي لفعل الخيال في المباحث الفلسفية اليونانية، هو ما حصره في إعادة الإنتاج، رغم الاختلاف الذي طبع تصور أرسطو، والذي قرن فيه الشعرية بقدرة الشاعر على صناعة الصور، بعيداً عن كل تفسير غيبي يجعلها عطية وإلهاماً من ربَّات الشعر. وبذلك، يصبح الفن بموجب هذا التوصيف، نتيجة طبيعية للنزوع الغريزي للمحاكاة لدى الإنسان «فلما كانت غريزة المحاكاة طبيعية فينا، شأنها شأن اللحن والإيقاع (إذ من الواضح أن الأوزان ما هي إلا أجزاء من الإيقاعات)، كان أكبر الناس حظاً من هذه المواهب في البدء هم الذين تقدموا شيئاً فشيئاً وارتجلوا، ومن ارتجالهم وُلد الشعر»[28].

هذا الأساسي المحاكاتي الذي أصلته الفلسفة اليونانية، رافقه طرحٌ مغاير أثاره أفلاطون حين تحدث عن الخيال السامي، والذي جعله

في موقع مغاير تماماً للخيال المحاكاتي المقترن بعالم المحسوسات الخارجية بالدرجة الأولى، ومن ثمَّة بمقدور هذا الخيال ذي الطابع المتعالي والمقدَّس، أن يتصل بمنابع الحقيقة السامية، وأن يُجاوز حدود المعقول، وأن ينتقل من حالة إعادة الإنتاج، إلى حالة الإبداع والكشف، إذ «يبدع صـوراً جديدة، يقول أفلاطون (في مواجهة الصور المحاكاتية).. لتهدئة الروح السفلى والسماح بالكشف (الرؤيا) «divination» أثناء النوم، خارج العقل تماماً»[29].

هذا الانبثاق النظري الذي وَسم تصوُّر أفلاطون لفعل المحاكاة – بوصفه إعادة إنتاج لما يظهره عالم المحسوسات – يُثير خاصية الإبداعية التي تَسِم الفعل التخييلي، ويطرح إمكانية الانفلات التي يمارسها هذا الفعل حين يصبح حرّاً مُتنصِّلاً من كل هذه الشروط الحسية، متصلاً بالقوة العليا التي تجعله مبدعاً/ كاشفاً لما لا يظهره الحسّ، وقد اعتبره بعض الدارسين فجوة في النسق النظري الأفلاطوني، وملمحاً للتناقض الذي يتأرجح فيه الفعل الخيالي بين العالم المحسوس والعالم السامي، وبين المحاكاة/ إعادة الإنتاج، والإبـداع/ الكاشف، يقول العربي الذهبي: «ويؤشر هذا الهامش النظري على إحراجات إبستمولوجية عدة تخترق النسق المحاكاتي. وسوف ترسم مسار ومنعرجات تاريخ طويل من التعارض بين الخيال – المحاكاة والخيال – إبداع»[30].

هذا التأرجح في توصيف الفعل الخيالي –وإن كان «هامشاً نظرياً» بالنظر إلى مركزية المحاكاة في النسق النظري الفلسفي اليوناني – يُثير بشكل واضح استعصاءه على التحديد منذ التنظيرات الأولية

التي أصَّلتها المباحث الفلسفية، وإذا كان هذا الازدواج الذي ألمح إليه النقاد باعتباره «فجوة» و«منقصة» لا تُحيل إلى وضوح الرؤية، فإنه في نظرنا «تناقض» بنَّاء وفاعل، يكشف عن الطبيعة التكوينية لهذا الفعل المُجنَّح، والتي قد يبدو بعضها للباحث، ويخفى بعضها الآخر ليعود للانجلاء في مراحل أخرى من البحث والتنظير، وربما هذا ما اعتور مسالك البحث الفلسفي لدى أفلاطون حين وجد نفسه أمام خيال من نوعٍ ثانٍ، بدَّدَ كل ما استخلصه عن المحاكاة. وبذلك، يصبح «التناقض» النظري إحالة إلى هذه الطبيعة البنيوية والتكوينية للفعل الخيالي، والتي لم تُنر مسالك البحث والتنظير خصوصيتها في تلك المرحلة، وربما كان ذلك مهاداً ستثيره المباحث والتنظيرات اللاحقة.

2. 2 – الخيال والإبداع... المدرسة الرومانسية والسوريالية:

أ – المدرسة الرومانسية:

شكلت الأبحاث والتنظيرات التي تبنتها الرومانسية، نقطة تحوُّل فاصلة قلبت كل المسلمات، وأعلنت ثورة شاملة على سلطة المعيار التي رسختها المباحث النظرية الكلاسيكية حول مفهوم الخيال. وبذلك، اتخذ البحث الإبستمولوجي حول هذا المفهوم مسارات جديدة أسست البُنى النظرية والمعرفية للمُتخيَّل، والتي انسجمت مع رؤيتها للعالم، ومع تصوراتها الفنية والجمالية المتمركزة حول الذات الإنسانية، إذ سيفتح هذا التحول الفارق منافذ البحث النظري على مسارات جديدة، وعلى كشوفات استدعتها طبيعة الرؤية النافذة إلى العمق الإنساني، وإلى فاعلية الملكات الذهنية التي يوجهها الخيال المبدع، وتضيء

مسالكها الذات الإنسانية العميقة الأغوار؛ فقد أفادت الرومانسية الأوروبية من المباحث الفلسفية للفيلسوف كانط، حيث إنها وهي تبني مشروعها الثوري «لم تبلغ هذه المرحلة المناهضة لإمبريالية الدولة والعقل إلا عندما تهيأت لها العلاقة بين الفلسفة وعلم الجمال لدى كانْط من خلال علم الجمال المتعالي»[31].

وإذا كان المشروع الفلسفي النقدي لدى كانط، يولي أهمية خاصة للمحسوس والإحساس في نظرية المعرفة، فإنه سيضع الثنائيات المكرَّسة واقعي/ خيالي، حسي/ عقلي، موضع البحث والتمحيص، وسيُعيد النظر في صفة إعادة الإنتاج الملازمة للفعل التخييلي، ليصل إلى نتائج تزحزح المسلمات التي أنتجها البحث الفلسفي بشأن المحاكاة ومركزيتها في توجيه هذا الفعل؛ «إن الميزة الأساسية لفعل الخيال عند كانط هي تلقائيته، مما يجعل منه فعلاً حراً (...)، فالخيال ينتج المختلف والمتعارض والمتنافر وليس تطابقاً مع لوغوس المحاكاة، وإنتاج الشبيه والنظير»[32].

إن التركيز على الهوية الحركية للخيال، وإبعاده عن الطرح المعياري المرتبط بثنائية الصدق/ الكذب، الواقعي/ الخيالي، مرتبط بالمكانة المهمة التي أعطاها كانط للخيال المتعالي ــ باعتباره منشأ كل فعل معرفي ــ وهذا الطرح يُثير مسألة إبداعية الخيال، وانفلاته من كل الحدود والقوانين، لينخرط في سيرورة إنتاج لامتناهية قوامها التركيب بين أطراف مختلفة ومتعارضة، وهذه الخاصية الإبداعية هي التي اعتمدتها الرومانسية، باعتبارها نواة مركزية ينبني عليها مفهوم الخيال، وتترتب عن طبيعتها الحرَّة والمتجددة كل سيرورات

الفعل الإبداعي، وبها يتم اكتشاف الأغوار السحيقة الموغلة في عمق الذات والكينونة.

إن التصور الذي صدرت عنه الرومانسية يضع ضمن أولوياته الكبرى الذات الإنسانية باعتبارها نقطة الارتكاز التي ينطلق من عالمها الجواني فعل التحرر في بُعده الأنطولوجي، وما يترتب عنه من الرؤى الثورية المراهنة على الهدم من أجل البناء، هذا الفعل يستدعي – بالنظر إلى طبيعته المجنحة – استعداداً ذهنياً خاصاً يسمح له بإمكانيات التحليق اللامتناهية واللامشروطة، تلك التي تجعل من النموذج الرومانسي تصوراً خارجاً عن كل تنضيد تقتضيه قواعد المعقولية، وعن كل تنميط تفرضه سلطة المعيار السائد، وإذا كان بعض الباحثين قد قصر هذا التصور على مرحلة زمنية محدودة تؤرخ لنزعة أدبية مُغرقة في السلبية والانكفاء، فإن كثيراً من الأبحاث والدراسات كشفت النقاب عن عمق هذه النظرية، وعن بعدها الشمولي الذي يكشف عن رؤيتها للعالم والكون والإنسان «ذلك أن الرومانسية نموذج كوني شمل انتظام الكون الأعلى، وكل الأنشطة البشرية. الرومانسية رؤيا للعالم وليست مجرد نزعة أدبية محض»[33].

غير أن هذا البعد الشمولي، الذي تترتب عنه مختلف النتائج والطروحات التي صدرت عنها الرومانسية، وكان لها كبير الأثر في عرض تصوراتها النظرية والأدبية على السواء، ظلَّ، في نظر عدد من الباحثين في هذا المجال، غائباً عن التلقي النقدي العربي الذي لم يَخبِر ما حجبه التحديد المصطلحي من رؤى ضاربة في

العمق، تفوق بكثير حجم التسمية «الرومانسية»، لتظل الأصداء هي البالغة من صوتها العميق والهادر، ويُرجع محمد بنيس السبب في ذلك إلى اقتصار التَّلقي النقدي العربي على المُنجَز الفرنسي والإنجليزي، وإغفاله المَعين الحقيقي لها، ذلك الذي فجرته جماعة بيينًا الألمانية [34] التي اعتبرها كيسدورف نقطة الانطلاق الحقيقية للرومانسية، إذ «انطلاقاً من ظهورها الألماني في السنوات الأخيرة من القرن ــ وبالضبط بإصدار مجلة أتينيوم من طرف الأخوين شليجل (1798 ــ 1800م) ــ فإن الحركة الرومانسية يمكن أن تعرَّف بكونها تشريفاً للذات» [35].

هذا التلقي، ظل بعيد الاستيعاب أيضاً في فرنسا وإنجلترا، فـ«المُتخيَّل العربيُّ إذن، يقدم لنا الرومانسية في صورة الاستسلام بدل المناهضة، الانكفاء بدل إعلان حرية الذات ضد سلطة الجماعة والإجماع، العجز اللغوي والقصور الثقافي بدل تفجير اللغة والبحث في مجهول اللغة والثقافة. هذه الصورة المقعّرة للرومانسية في مُتخيَّلنا الجماعي تتركُنا بعيدين، بكل اختصار، عن الرومانسية، وتتركنا خارج ضرورة الزمن الرومانسي لاستيعاب الحداثة الأوروبية، كمقدمة لكل مُساءلة تتوجه نحو الذات أو الآخر» [36].

لقد حجب هذا الغياب العمق الإبستمولوجي الذي صدرت عنه الرومانسية، والذي شكل نسقها النظري والأدبي المتكامل القائم على أساس رؤية ثورية، تعيد بناء العالم والكون والإنسان واللغة والمجتمع، بحيث يغدو المشروع الشعري لجماعة بيينًا مفتاحاً لولوج عالمها النظري «(...) والشعر الرومانسي وحده، مثله مثل الملحمة،

يمكنه أن يصبح مرآة العالم المحيط، صورةً للفترة. وهو وحده الذي يمكنه أكثر من غيره في هذه الحالة أن يطفوَ، حرّاً من كل فائدة واقعية أو مثالية، بين المعروض والعارِض، على أجنحة التأمّل الشعريّ، ويرفَعَ بلا هوادة هذا التأمل إلى قوة عُلْيا ويضاعفهُ كما لو أنّه سلسلةٌ لانهائيةٌ من المرايا. إنه قادرٌ على أعلى تكوين وأكثره شموليةً، لا باتجاه من الداخل نحو الخارج، ولكن أيضاً من الخارج نحو الداخل؛ ولأجل أن تُكَوّنَ منتوجاتُه كل كلية فإنه تبنّى تنظيماً شبيهاً بالأجزاء، وهكذا يرى نفسه مفتوحَ المنظور على مرتبة مدعوةٍ إلى مضاعفة ذاتها بصيغة لا محدودة(...)»[37].

هذا البعد الشمولي القائم في جوهره على محوري الهدم والبناء، وعلى الغاية اللامتناهية للرؤية الثورية الكلية، هو الذي كشفه الطرح الألماني، واعتبره نسغ الامتداد الإبستمولوجي الرومانسي الذي يجعل من النظرية والأدب على السواء، صيرورة ممتدة فيما جاء بعدها «(...) والجنس الشعريّ الرومانسي لا يزال في حالة صيرورة، وجوهره الخاص هو ألا يقدر دوماً أن يكون غير صيرورة، وألا يكتمل أبداً. لا نظريةً تستطيع أن تستنفذهُ، والنقد التخميني هو القادر على المخاطرة بتعيين مثاله. إنه وحده اللّانهائي كما أنه وحده الحرُّ، ويعترفُ بأن القانون الأول هو ألا يتحمّل إلزام الشاعر أيّ قانون يهيمنُ عليه. الجنس الشعري الرومانسي هو وحده الأكثر من جنس، ويكون بمعنىً ما الفن ذاتَه للشعر: لأن كل شعر بمعنى من المعاني رومانسيٌّ، ويجب أن يكون رومانسيّاً»[38].

إن ما يثيره هذا الطرح القائم على رؤية بعيدة المدى، وعلى

الامتداد المعرفي إلى ما جاء بعدها، وما يصل مداه إلى الحاضر، يُنبِئ بنسقية نظرية مرجعية تندغم فيها مختلف الإوليات والأدوات الفنية والإجرائية، وكذا الاستعدادات الذاتية والموضوعية التي بموجبها تتحقق الممارسة النصية الرومانسية في شقَّيها النظري والأدبي، لذلك سيتخذ المنحى الرومانسي طريقه الخاص لولوج عالم الداخل، وكشف تفاعلات الذات والعالم، وسبر ما يفتحه الخيال الإنساني المتحرك في عالم الداخل من أغوار.

* الذات.. فضاء إنتاج المعنى:

شكلت الذات في المشروع الرومانسي، نقطة الارتكاز الرئيسة التي منها وفيها يتم كل شيء، فهي المدار الذي يسبح فيه فلك النظرية والأدب على السواء، وهي الأساس الذي ستنبني عليه مختلف الطروحات والتصورات حول الكون والعالم والإنسان، هذا التموضع المحوري للذات، سيعيد ترتيب العلاقات بين الذات والعالم والنص في الطرح الإبستمولوجي الرومانسي، وسيشكل نواة الرؤية الثورية الشاملة التي قام عليها هذا المشروع، ليصبح الفردي هو المنطلق والغاية في نفس الآن، وهو ما تؤول إليه كل أشكال التفاعل الناظمة لحركة الذات، داخلياً وخارجياً، بل إن وضعها الاعتباري هو ما يحدد هوية المشروع الرومانسي نفسه. «إن الحركة الرومانسية يُمكن أن تعرّف كتشريف للذات»[39].

هذا الانشغال بالأنا الفردية، والغوص في عوالمها اللامتناهية، هو ما قاد البحث الرومانسي إلى مساءلة كل ما من شأنه أن يسعف

في خوض غمارها المتشابك، وأن ينسجم مع طبيعتها المنفلتة من كل قيد، والخارجة عن حدود المعقولية والتنميط، لذلك وجب أن يستجيب البحث الإبستمولوجي لهذه الطبيعة المحلّقة والعصية على كل تنضيد، ويقترح الآليات والأدوات، والرؤى والتصورات التي تعيد تأثيث العلاقة بين الذات والعالم والنص.

* الداخل والخارج:

يُثير الوضع الاعتباري والمركزي للذات في المشروع الرومانسي أشكال التفاعل المفترض بين ثنائية الداخل/ الخارج، بحيث يصبح «الداخل» فضاء له من الخصوصية ما يجعله محور كل التفاعلات، ومنشأ الجمع بين مختلف المتنافرات في تعالق لامحدود، لا يخضع للترتيبات العقلية المسبقة، بقدر ما يتحرر منها في رحلة انطلاق متجددة لا تُعرف نهاياتها، وهذا يضعنا أمام تناسل دائري لذوات لا محدودة ولا نمطية، ولا يحكمها قانون معين، ولكن تنفلت لتخوض غمار التجربة، وطبيعي أن يؤثر هذا المسعى المتحرر في الملكات الذهنية المرتبطة بها، وفي تفاعلاتها الممكنة مع العالم.

إن فضاء «الداخل» يشكل بالنسبة للوعي الرومانسي بؤرة الانطلاق والوصول في نفس الآن، بل إن الانشغال به والإقامة فيه شرط من شروط التحليق المطلوب، وفضاء يتجلى فيه «الخارج» بكل متشابهاته ومتناقضاته، بل ويصبح ما يحدث في هذا الفضاء محدداً لقيمة الوجود الإنساني، يقول المفكر مِيْن دُوبيران Maine de Biran «إنني مشغول دائماً بما يحدث داخل ذاتي على ما يحدث

خارجها، هذه الأحداث الداخلية الحزينة أكثر من السعيدة هي التي تقرر نوع حياتنا، وتحدد قيمة وجودنا»[40].

يعتبر فضاء «الداخل» إذن في المنظور الرومانسي، مركز جذب قوي تنعكس فيه الأحداث الخارجية، وتنخرط في حالة من التفاعل المتشابك، وبذلك، يختزل هذا الفضاء ـ بكل ما يقتضيه من حميمية متجددة ـ كل متنافرات الخارج، ويصبح النزول إلى غوره السحيق مطلباً رئيساً لمعانقة الحقيقة، ولتفسير ما لا يفسَّر. يقول مين دوبيران: «ينبغي أن ننزل إلى ذواتنا، وأن نسكن في حميمية وعينا لننعم بالحقيقة، ولنبلغ حقيقة كل شيء، بفضل الانفعال وحده وبفضل الجهد الذي يبذله المرء للانفلات من العالم الخارجي لمعرفة نفسه، يمكن الحصول على الحقيقة (...) هل هناك حافز آخر لمعرفة الحقيقة غير هذا الغوص في أعماق الروح؟»[41].

إن ثنائية «الداخل» و«الخارج» التي يثيرها الطرح الرومانسي، تكشف طبيعة العلاقة المفترضة بينهما، وترتب مواقعهما حسب المحورية والفاعلية بشكل يصبح فيه «الداخل» فضاء تتفاعل فيه كل التأثيرات الخارجية وتنخرط فيما يحدث فيه من تجاذبات وتنافرات تتم إعادة تركيبها وفق آليات متجددة باستمرار، لأن الذات بالنظر إلى ما يحدث داخلها لا تتلقى ما يأتي من «الخارج» بشكل سلبي؛ لأن صوره تنخرط في شبكاتها العلائقية اللامتناهية، ليصبح هذا الخارج ممكناً وموجوداً من خلالها، ومن ثمَّة فالعلاقة بين الداخل والخارج كما يرى نوفاليس تتبنى على خطوتين:

«الخطوة الأولى تقتضي أن نلقي نظرة على دواخلنا، وأن نتأمل

بشكل واضح ذواتنا، أما الثانية فينبغي أن تحمل نظرة حيوية للخارج، وأن تلاحظ العالم الخارجي بكل طاقة وانغلاق»[42].

* الذات سر:

بجواب ميْن دُوبيرَان[43] عن سؤال صديقه لابي موريبي: «ما الأنا (....) تكون هوية الأنا سراً»[44]، هذا التصور الذي يصدر عنه الطرح الرومانسي، يعلن عن رؤية تعيد بناء المفاهيم، وتعيد ترتيب الوظائف، حيث يصبح مفهوم الذات – بما له من خصوصية الاحتواء الكلي – أكبر من العالم، وأكثر فاعلية منه، فهو الوجود كله بما هو نقطة الجذب ومركز تناغم كل ما يوجد خارجه، ثم إن هذا التصور يهدم كل تراتبية منطقية ومعقولية، ويكشف عن فراغ فضاء «الخارج» رغم امتلائه، وعن انعدام فاعليته رغم حركته، ولا يتحقق باعتباره وجوداً فعالاً إلا من خلال «الداخل»، ويظل بمعزل عن الذات ظلاً لا أكثر، وصورته مدينة للذات بامتلائها ووجودها، تلك التي تتلقاه بشكل إيجابي، وبطاقة لها من الضوء ما يبث الحياة فيه. يقول نوفاليس: «نحلم بالسفر عبر العالم ألا يوجد العالم فينا؟ لا نعرف أعماق أرواحنا، فالطريق الغامض يحملنا إلى دواخلنا، فينا وليس في أي مكان آخر توجد الأبدية بكل عوالمها، الماضي والمستقبل، العالم الخارجي هو عالم الظلال، يقذف بظلاله في مملكة النور»[45].

* الداخل/ الإنتاج:

لما كانت الذات هي النواة الجوهرية التي شكلت لبنة التصور

الرومانسي، فإن كل آليات الاشتغال التي ستصدر عنها هذه النظرية، وما سيترتب عنها من نتائج وتصورات سترتبط بها ارتباطاً حثيثاً، وسينعكس وضعها الاعتباري المحوري على تصورهم للظاهرة الأدبية، وعلى طبيعة اشتغال الأنشطة الذهنية الإبداعية التي تتفاعل من خلال ما يثيره العالم الجواني أو فضاء الداخل باعتباره «مملكة الضوء» على حد تعبير نوفاليس، لذلك سيعمد الطرح الرومانسي على إعادة النظر في ترتيب العلاقات، وحدود اشتغال الملكات بما يتناسب مع المرجعية الإبستمولوجية التي يصدر عنها. وبذلك، يفقد مفهوم «المحاكاة» ــ باعتباره عملية نسخ مباشر لما يقدمه العالم الخارجي من معطيات ــ قيمته في الطرح الرومانسي، إذ تنتفي فاعليته بسبب ما يفترضه من تلقٍّ سلبي للعالم، ومن علاقة سطحية مباشرة تعيد نسخ ما هو كائن، وليس لها من المؤهلات ما يسمح لها بالغوص في ما وراء الظواهر، واكتشاف لانهائيات الممكن، فالمحاكاة بهذا المعنى القائم على التلقي والنسخ تنفي صفة «الإبداعية» التي تعد خصيصة أساسية للعمل الفني والأدبي، والتي تتحقق من خلال إعادة بناء العلاقة بين الذات والعالم والنص، وتجاوز النظرة السطحية القائمة على التَّلَقي السلبي الناسخ، إلى محاولة فتح منطقة ضوء كبرى موطنها الداخل ينكشف العالم من خلالها، إذ «لا يعرف الإنسان العالم كمادة موجودة أمامه، العالم حاضر في داخل وعيه، إنه يكتشف بشكل حميمي وعيه للعالم ووعيه بالعالم؛ إن حركات الروح تجد تشابهات الحقيقة بتركيبها، وتتجسد في مادة العالم»[46].

إن فضاء الداخل هو ما يحكم طبيعة النظرة إلى العالم. وبذلك،

يصبح الحديث عن المحاكاة في الطرح الرومانسي ضرباً من الخروج عن الطبيعة البنيوية للعمل الفني التي لا تتحقق إبداعيته بالنسخ السطحي والمحاكاة المباشرة. إننا أمام علاقات أخرى تنسحب خلالها التراتبية السطحية عالم/ ذات/ نص.. لصالح عمليات اندماج وتفاعل، ينجم عنها الإنتاج والتركيب؛ لأن النص لا يحاكي العالم، بقدر ما هو نتيجة طبيعية لتلك العلاقة الجوهرية الناظمة لكل هذه العناصر، والمنتجة لمعرفة جديدة لا يمكن للمحاكاة بلوغها. وبذلك، ننتقل مع الطرح الرومانسي إلى ثنائيات جديدة تحكم العمل الفني الإبداعي؛ أي من السطحي المباشر إلى العميق والرمزي، ومن المحاكاة والتلقي السلبي، إلى الإنتاج والتفاعل الإيجابي، وهذا راجع إلى مركزية الفضاء الجواني، وقدرته الهائلة على إنتاج المعنى، وعلى تركيب المتنافرات.

*** الداخل/ الخيال:**

إن مركزية الذات في الطرح الرومانسي، وأهمية فضائها الداخلي المفتوح على العمق واللانهائي، سيكون له أثر في طبيعة تصورهم لكل ما من شأنه أن يفتح كوَّات من الضوء على منافذها العميقة والغامضة والمنذورة لسيرورات لامتناهية من إنتاج المعنى، لذلك سيضعنا هذا الطرح أمام تصورات جديدة، تقلب المسلمات، وتعيد النظر في بناء ما راكمته المباحث المعرفية والإبستمولوجية المسائلة للظاهرة الأدبية، وإذا كانت سيرورات الإبداع الفني قد ارتبطت في المباحث الفلسفية السابقة بعنصر المحاكاة ـ باعتباره الناظم

الأساس لكل العلاقات بين الأثر الفني ومعطيات العالم الخارجي — فإن طبيعة مفهوم الذات في الطَّرح الرومانسي، وطبيعة علاقتها بالعالم الخارجي، تستدعي إيلاء الأهمية البالغة للطاقات الذهنية، وسحرية أثرها في الإنتاج. وبهذا أصبح للخيال وضع اعتباري خاص، له من القدرات ما يجعله مسؤولاً عن السيرورات اللانهائية للعملية الإبداعية.

لقد اعتبر الرومانسيون الخيال قوة سحرية هائلة وعجيبة، لا تخضع للتعارض المفترض بين ثنائية واقعي/ خيالي، صدق/ كذب، ولكن تمتدُّ إلى رحابة مفاهيم الإنتاجية والخلق القائمة على الجمع والتركيب بين مختلف المتنافرات؛ فهو الحاسة التي يمكنها اختزال وتعويض غيرها، لما لها من كبير الأثر في مجموع العلاقات المتشابكة التي تحدث في فضاء الداخل/ فضاء الإنتاج. إن «الخيال هو المعنى الرائع الذي يمكن أن يعوض كل المعاني، والذي يخضع لقراراتنا الحرة»[47].

هكذا يفتح التصور الرومانسي مساراً مغايراً، ضارباً في العمق لمفهوم الخيال الذي تداولته المباحث الفلسفية والنقدية، وأثارت قضية التعارض بينه وبين الحقيقة باعتبارها محور النظرة العقلانية التي صدر عنها الفلاسفة والنقاد في أبحاثهم وتصوراتهم، وباعتبارها معيار الحكم على فساد ما جانبها وجانب المسارات المنطقية والعقلانية التي تؤسسها، بما في ذلك ما يثيره الخيال من بعد عن مطاولة سقفها المحصّن، ليتخذ لنفسه مرتبة أدنى تجعله في الطرف المقابل والمناقض لها، وهذه المرتبة هي التي أعاد التصور

الرومانسي النظر فيها، وفي سيرورة التراتبية العقلانية والمنطقية التي تجعله خلفها. وبذلك، سيغادر مفهوم الخيال عندهم هذه المنطقة – منطقة التعارض والتقابل مع الحقيقة – ليبني لنفسه مركزاً جديداً مغايراً ومحايداً لا يخضع لمنطقها، إذ يتقاطع ويتماهى مع مفهوم الجمال الذي يضع ثنائية واقعي/ خيالي موضع مساءلة، بل كثيراً ما اعتبر الرومانسيون الحقيقة وجهاً آخر للخيال، ذلك الذي يعيد ترتيب المعطيات، ويتجاوز النسخ والمحاكاة لما هو موجود سلفاً، إلى إنتاج الجمال، وهذا ما عبر عنه الشاعر الإنجليزي جون كيتس: «لا أملك أي يقين، كتب كيتس خارج قدسية عواطف القلب وحقيقة الخيال، إن ما يقبض عليه الخيال كجمال ينبغي أن يكون حقيقة، وسواء كان هذا موجوداً في الحقيقة أم لا، فإن الخيال يمكن أن يشبَّه بحلم آدم، استيقظ ووجده حقيقي»» [48].

إن ما يستوقفنا من خلال ما أعلن عنه التصور الرومانسي هو هذه النظرة الإبداعية للمسألة النظرية والمفاهيمية، حيث يتحول البحث التنظيري والمفاهيمي إلى رؤية جوهرية تتخطى حدود المألوف في مساءلة الظاهرة الأدبية، وتتجاوز حدود النظرة العقلانية والمعيارية المرتبطة بظواهر الأشياء، لتؤسس لمفاهيم أخرى للحقيقة والخيال والجمال، ولتعيد النظر في الطاقات القصوى للملكات الذهنية، وقدرتها على خرق المألوف، واستعدادها لعمليات التركيب والإنتاج، البعيدة عن العملية الميكانيكية السطحية القائمة على مجرد النسخ وإعادة الإنتاج.

لقد أدرك الوعي الرومانسي الطبيعة الكلية للعملية الإبداعية، بما

هي اتصال مطلق وحر بالعالم، وتماهٍ عميق مع الكوني، لذلك، ستصبح الشروط العقلانية التي يفرضها التناول المنطقي للظواهر وإخضاعها لمنطق المشابهة والمقبولية، موضع مساءلة ورفض، لأنها لا تقوى على احتواء ما يثيره هذا التعالق الحُرّ والمطلق بالعالم، وهذا التوحد المفترض بين الذات والموضوع، والروح والجسد والمعنى وفائض المعنى.. بقدر ما لا تقوى على تقبل الطبيعة السحرية والعجيبة لفعل الخيال الحرّ والحيوي، وتبعاً لهذه الرؤية، يجد الخيال في التصور الرومانسي مجالاً خصباً للتجلي الجديد والمتجدد الذي يُخرجه من شرنقة النمطية والجاهزية، ومن قيد الشرط العقلي المحدود ليصبح بطبيعته «إبداعياً» حرّاً ومُجنَّحاً، به يتم احتواء كل المتنافرات، ومن خلاله ينصهر الكل وتتماهى عناصر الطبيعة والإنسان والمادة والـروح.. وبذلك، يتأسس الخيال الرومانسي، على هذه الطبيعة الإبداعية الكفيلة بإعداد المناخ المناسب للتفاعل بين الداخل والخارج، وللتركيب الحيوي لكل المتنافرات، فـ«الخيال خلاق بفضل الآثار التي تحدثها القدرات الحميمية لوجودنا، فنبضات أرواحنا تأخذ شكل الحقيقة كل يوم في مشاريعنا الرئيسية أو الثانوية، إن العالم الداخلي بعيداً عن كونه منفصلاً عن العالم الخارجي لا يوجد إلا بذاته وفي ذاته وما نسميه خيالاً خلاقاً يعني هذه المنطقة من الوجود الإنساني، حيث تتزاوج إحساسات المعنى الداخلي ومشيرات المعنى الخارجي»⁽⁴⁹⁾ .

هذه الصفة الإبداعية للخيال، هي مبعث التوحُّد والانسجام بين مختلف المتنافرات، وهي المنشأ لكل تحليق حرٍّ منفلتٍ من قيد الجاهز والمعقول، قابل للسحري واللاعقلي، وهذا ما جعل تصور الرومانسية

متناغماً مع مرجعيتها النظرية والإبستمولوجية، ومع مشروعها الشامل الرافض لكل ما يحدده التصور المنطقي من شروط للمعرفة، تنعكس طبيعتها على مختلف المستويات الاجتماعية والسياسية، إذ تتخذ هذه المرجعية مسارها الخاص القائم على قلب المعادلات وعلى الهدم من أجل البناء، «فلم يكن انبناء المعرفة الرومانسية على الخيال الإبداعي إلا لترسيخ مشروع مغاير لمقتضيات العقل كسلطة معرفية سائدة بموضوعيتها وتجريبيتها السائدة في الغرب خلال القرنين 18 و19 كآليات إنتاج للحقيقة والمشروعية لإعادة إنتاج المشروعية الاجتماعية والسياسية البورجوازية سيدة السلطة والحقيقة»[50].

إن إبداعية الخيال، وطبيعته الحيوية المتجددة هي ما تمكنه من خرق سلطة المعيار ومن مجانبة تنضيد المعنى إلى خلقه وإنتاجه. وبذلك، تنعكس هذه الطبيعة الحيوية والمُجنَّحة على ما يحدث داخل الروح في تفاعلها المطلق مع المادة، بحيث ينسحب هذا الفعل الحيوي على كل عناصر هذا التفاعل المفترض، إذ «يعرض الخيال الخلاق دينامية الحياة الروحية، وليست الروح في وجودها الأنطولوجي هي التي تعرض هذه الدينامية، ولكن القوة التحفيزية لوجودنا في العالم هي أصل هذه المبادرات التي تحدد معنى الحياة»[51].

تؤسس المعرفة الرومانسية إذن لوجودها المطلق، وتجعل الخيال الشعري في مرتبة يصبح بموجبها قادراً على احتواء الكلّي، وعلى ركوب المغامرة المتجددة الكاشفة عن اللامرئي والمحجوب خلف أستار العقل، بحيث تصبح كل المقولات والعناصر منافذ لولوج عالم الغور، وما يثيره من غموض، بل ويصبح العالم ــ بكل ما

فيه من تنافر وائتلاف – تجلياً لما تُنتجه الطاقة الإبداعية السحرية للخيال. وبذلك، فـ«العالم خيال ملموس، والخيال هو الذي جعله العالم كذلك»[52] .

إن العالم بكل ما يحتويه، ليس إلا تبنيُناً لما يؤسسه الخيال المبدع، وهو بمعزل عنه بلا معنى ولا وجود، لأن الوجود الفعلي في التصور الرومانسي هو الذي ينتجه الخيال، بعيداً عن الضوابط الموضوعية، فالبحر والسماء وسفوح الجبال تبدو لنا رفيعة «ليس بفضل المعنى المعطى، ولكن بفضل المعنى الخيالي الذي يوجد قريباً من حدود الرؤية، ومن اللانهائي الظاهر لرؤية اللانهائي الحقيقي»[53] .

هكذا يرتبط مفهوم الإبداعية في الخيال الرومانسي، بمعاني الحيوية والوجود، والجِدَّة والتجدد، وتصبح هذه المعاني هي المدار والفلك اللذين تسبح فيهما هذه الطاقة الخلاقة العجيبة التي لا تخضع لأي منطق أو حساب، ولكن تصنع لنفسها بفضل طاقتها السحرية تفرُّدها وقدرتها على اختراق العوالم والأشياء، وقوتها في النظرية الرومانسية بشكل عام. وبذلك، فـ«الدفاع والوضوح في الخيال الخلاق، من أهم نقاط القوة في الأنثروبولوجيا الرومانسية»[54] .

لقد زعزعت النظرية الرومانسية إذن ما أصَّلته المباحث الفلسفية حول الخيال الإنساني، وبنت على أساسها الحرِّ المكين، صرح نظريتها التي ألغت المفهوم الكلاسيكي للخيال المُقيد بسلطة المعيار وبشروط المعقولية، وبذلك، تناهت إلى الدرس المعرفي مفاهيم الإنتاج والكلية والشمولية والكونية والهدم من أجل التركيب والخلق،

المرتبط ارتباطاً أنطولوجياً بالخلق الأول ليصبح الخيال، فضلاً عن كل ما ذكرناه، خلّاقاً، متنصّلاً من الجاهز والمسكوك، منفتحاً على اللانهائي، «ولا شك أن ما عبّر عنه كُولريدج بالخيال الخلاق يضيف إلى مفهوم الخيال ضبطاً لا ينفلت به إلى الخيال الكلاسيكي المقيد بشروط المعقولية في التشبيه والاستعارة. هذا الخيالُ الرومانسيُّ الخلاق ارتباطٌ حر بالعالم، بأشيائه وممكناته، وهو مكان انعقاد وحدةٍ حيويةٍ بالكوني، حيث المجهول والغريب يتفاعلان مع كل ما هو خارج على المعتاد والمتعارف عليه في الرؤية والتصور»[55].

لقد تأتى هذا الكشف الخلاق الذي اهتدت إليه الرومانسية من وعيها العميق بمحورية الذات الإنسانية، باعتبارها مجالاً خصباً لتفاعل كل ما يحدث في غورها، وما يَرِد عليها من معطيات الخارج. هذا الوعي عمل على توسيع اشتغال العين الباطنية التي تُجلِّي اللامرئي والغامض، وترفض حدود ما يَرِد على العقل أو الحس فقط، لتسمح بالاشتغال الحيوي لطاقة أخرى لم تُمنح سوى للخيال، وهي التركيب بين كل المتنافرات والمتناقضات، ورفض مبدأ التعارض الذي يقرره العقل ويكرسه المعيار. إن هذه الطاقة التركيبية التي تأتي من الطبيعة التكوينية للخيال تفتح المجال لسيرورة حية ومتجددة ولانهائية للفعل الخيالي، وتعيد توجيه الفعل الخيالي من مسار «الإقامة» في مرتبة أدنى غير مقبولة عقلانياً، إلى مسار «الرحيل» المُجنَّح والحر المؤهل للولادة المتجددة، وفي هذا المسار يلتقي العقل والحس، والروح والجسد، والذات والموضوع، والجزئي والكلي بشكل متناغم منسجم لا يعرف معنى للتعارض أو التناقض. إنها فلسفة الاندماج والتوحد التي تخرق منطق الثنائيات والمتنافرات، وبهذا الخرق يصبح الخيال

في المنظور الرومانسي، أعظم طاقة للتركيب والاحتواء بها يتجلى الخلق الفني الذي لا تسعفه اللغة المعيارية، ولكن يجد ضالته في الرمزي والأليغوري المهيأ بطبيعته الخارقة والمنزاحة إلى التجلي الحر، وإلى اختراق عالم الداخل. إن «الفهم والخيال والعقل هي مواد العالم الفقيرة الموجودة فينا»[56].

هكذا، يصبح الإحساس والحدس سبيلاً لبناء معرفة حية، متجددة ومتحررة من قيود العقل، ومنفتحة على الحلم بما هو فضاء اللانهائي والمجهول. «وبهذه الرؤية يصبح الوعي الرومانسيُّ خارجاً على الضوابط الموضوعية في تعيين الزمان والمكان، ويكون للحلم سلطته في إعادة بناء الواقع. الحلم، هنا فردي، وخطابه فردي أيضاً. ينزع عن المعرفة كل معيار قبْلي وشمولي، ولكنه في الوقت ذاته يرفعها إلى مرتبة المطلق، لأن الحلم هو المعرفة الكلية المنفتحة على اللانهائي والمجهول؛ ولذلك فهي معرفة غير مهدّدة بالأعراف الاجتماعية والأنساق العقلية»[57].

ب – امتّدادات الرومانسية.. الرمزية والسوريالية:

إن تحديث الرؤية للظاهرة الخيالية، سيجد في التيارات الأدبية والمباحث الفلسفية اللاحقة، مجاله المأهول والخصب، كما هو الحال مع التيار الرمزي الذي تشبّع بما كشفته الرومانسية عن عالم الخيال، وعن مساراته المأهولة بالممكن والمحتمل، وبذلك، راهنت الحركة الرمزية على إعادة موقعة الخيال ضمن الأنشطة الذهنية المتنوعة، وعلى تأكيد استقلاليته، بما يضمن إعادة بناء تصورها للتجربة الشعرية المتناغم مع

موقفها الرافض لسلطة العقلانية، ولحدودها الضيقة في مقابل الاحتفاء بعالم الداخل المأهول بالأسرار، والمُغري بالكشوفات اللامتناهية، فقد «جاءت الرمزية في فرنسا كموقف من سلطة الحضارة الصناعية، ومن سلطة العقلانية، ومن ثمَّة كان أساس هذه الحركة الشعرية هو إبدال مكان التجربة الشعرية ومفهومها في آن»[58].

لقد آثر الرمزيون إذن مناهضة التنضيدات المنطقية والترتيبات العقلية التي تخضع كل الأشياء لقوانينها الصارمة، ولا تلج حدودها إلى عوالم الأسرار، حيث تختنق «الانفعالات والأحاسيس والرغبات والأحلام، في عالم سريٍّ طالما عُذِّب، وهو الذي نعيّنه بكلمة واحدة هي الروح»[59].

إن الثورة على سلطة الحضارة الصناعية، وعلى التوجهات العقلانية الصارمة، والرافضة لما لا ينضوي تحت لوائها المنطقي وحدِّها المعياري، هو ما أذكى في هذه التيارات الرغبة الحثيثة في التحرر وارتياد عوالم المجهول، والإقامة غير المشروطة في عالم الخيال وبذلك، تتحول كل معطيات العالم الخارجي إلى مادة تخضع للهدم والتفتيت، لتعاود نشأتها الجديدة من خلال ما يحتشد من صور في عوالم الشاعر السرية، يتم خلقها بالكلمات، إذ «هناك بالطبع واقع، هناك آلاف، بل ملايين من المحسوسات، ولكن الشاعر الرمزي لا ينظر إلى هذه المحسوسات ليعرف أشكالها أو ألوانها أو أحجامها أو وظائفها، إنها في نظره «غابات من الرموز» كما يقول بودلير، رموز لعالم آخر غير عالم الأشكال والوظائف، عالم يجده الشاعر في أعماقه وعليه أن يخلقه بالكلمات»[60].

غير بعيد عن هذا الحرص الحثيث على تحرير الذات من ربقة الخضوع لمعطيات الخارج، ومن السلطة العقلانية والمنطقية الضيقة، ستحتفي التجربة السوريالية[61] بالخيال، وتصل به إلى مدارج عليا بعيداً عن الحدود التي يفرضها العقل، مشكِّلة بذلك ثورة جذرية وقوية ضد القيم المهيمنة، التي لا يتسنى لها بفعل منطقها الضيق والمحدود، سَبر ما يكمن في الأغوار السحيقة، تلك التي لا يجوبها بشكل فريد وحيوي سوى الخيال، بالنظر إلى طاقاته العالية والمتجددة والقادرة على جعل الذات في حالة تجلٍّ حرّ وهي تقبض على الصور النابعة من أعماق النفس. هذه الثورة أحدثت رجَّة مزلزلة كان لها كبير الأثر في إعادة بناء التصورات حول الفن والحياة والإبداع، كما أعادت النظر في طبيعة اشتغال الأنشطة الذهنية المسؤولة عن بلوغ سقف الإبداعية الحق، وطبيعي أن ترتبط رجَّتها بطبيعة القيم السائدة التي ضيقت الخناق على الذات الإنسانية، وعلى انطلاقها وتحررها المأمولين، «لقد انفجرت جميع التناقضات التي ظلت تتفاعل طوال القرن التاسع عشر. وكان انفجارها مدوياً، وثبت أن القيم التي يتشدق بها «أعمدة المجتمع» كذب كلها، فكان الكفر بالعقل والمنطق، والنظم الاجتماعية والتقاليد والأخلاق، يعني في نظر السيرياليين، البحث عن عالم جديد أكثر إنسانية، فأخذوا يفتشون عن «مادة» هذا العالم في كل ما رفضه النظام القائم، وأودعه سجن العقل الباطن»[62].

إن العالم الجديد الذي تتوق إليه هذه الحركة، لا تُسعفه القيم السائدة ولا القوانين الصارمة التي تقيد حركة الذات، وتوقها للتحرر المتناغم مع استعدادها الطبيعي للتحليق في عوالم لامتناهية، لذلك، كان الخيال

هو الملاذ الذي به يحصل هذا التحليق المنشود، وهذه الرغبة الحثيثة في استغوار المناطق الأكثر عمقاً وسرية في النفس الإنسانية، وكان الاحتفاء به تجلياً واضحاً لتمرُّدها المطلق على كل سكونية من شأنها أن تعيق إمكانات الكشف اللامحدود والمتجدد، تلك التي يتيحها سبر الأغوار السحيقة، والغوص في عمق العتمات، حيث الطريق مأهولٌ للقبض على الصور المُجنَّحة، وخلق عوالم شعرية سحرية لا يصل إلى سقفها اللامحدود، التقيُّد المشروط بمعطيات الخارج، والخضوع الآلي لسلطة المعيار وقوانين العقل الصارمة. وبذلك، شكل أصحاب هذه الحركة امتداداً أكثر عمقاً لما أرسته الحركة الرومانسية، وضاعفوا من السلطة الهادرة للخيال، ومن مقامه العالي في سلم الأنشطة الذهنية المسؤولة عن الخلق والإبداع، حيث دعا أندريه بروتون في بيانه عن السوريالية إلى إطلاق العنان للعقل الباطن كي يعبر عن خفاياه بحرية تامة عن طريق «الكتابة الآلية» المتمردة على القوانين الصارمة، والمتحررة من كل قيد يعيق عفويتها وانطلاقها، إنها تجربة الخلق الجمالي والشعري، التَّواقة إلى مطاولة سقف العجيب، بعيداً عن قهر المجتمع البورجوازي الاستهلاكي، وقريباً جداً من طريق الخيال المشرع على الرائع والمدهش.

3 – الخيــال والتصــور الظاهراتـي/ فينومينولوجيا الخيال[63]:

3.1 – الخيال ومفهوم القصدية عند هوسرل:

شكلت الأطروحة الظاهراتية مرجعاً نظرياً مهماً استندت إليه

مختلف المباحث المعنية بمقاربة الخيال الشعري، من خلال استفادتها من الطروحات السابقة التي أغنتها الرومانسية، ومن خلال حرصها على توخِّي الجِدَّة والعمق في المقاربة، فكانت أبحاث أدموند هوسرل وجان بول سارتر وإدوارد كيسي منذ بداية القرن العشرين، نافذة فتحت المباحث الفلسفية من خلالها أفقاً جديداً في التناول، انسجم إلى حد بعيد مع مرجعياتها النظرية، وتصوراتها القائمة على تجديد الخطاب الفلسفي، وإعادة النظر في مفاهيمه ومسلماته، باقتراح طريقتها الخاصة للتفكير في موضوعاتها كظواهر تحتاج إلى النفاذ لعمقها لإنتاج المعنى، دون الاكتفاء بما نكوّنه عنها سلفاً، إنها علاقة وجودية بالعالم، تروم إضفاء المعنى على الوجود ليس كما هو في ذاته، أو كما كوَّناه عنه سلفاً من خلال المظاهر التجريبية، ولكن كما يُجليه وعينا القصدي به، لذلك يتم استبعاد كل ما ينتجه الحس عنها، لصالح النفاذ إلى جوهرها وعمقها، والقبض على معناها بفعل الوعي القصدي بها لفهم العالم، وبهذا يتبوأ مفهوما «الوعي» و«القصدية» مكانة خاصة في الأطروحة الظاهراتية، واشتغالاً جديداً مكنها من مقاربة موضوعاتها كظواهر يتجلى جوهرها بفعله، إنها فلسفة القصدية بامتياز، إذ «لا يستند الفعل القصدي، كوعي، إلى الإحساسات على أنها وسائط لتمثيل موضوعات معرفته، لأنه ينفذ إلى هذه الموضوعات بقوة حدسه الخاص، وعبر لقاء مباشر بها، حيث تتداخل الذات والموضوع في كلية مبنية هي محصلة الفهم الظاهراتي للعالم؛ لأن الإحساسات لا تكون مقصودة لذاتها، بل هي مادة الفعل القصدي الأولية لا غير»⁽⁶⁴⁾.

يُشكِّل الفعل القصدي إذن، الخصيصة الجوهرية لفعل الوعي، باعتباره الموجه الأساس الذي يحدد جوهره وقيمته، أما المعطيات الحسية، فهي ليست سوى مواد أولية يعيد فعل الوعي تشكيلها وبناءها بحسب قصد معين [65]، حيث يصبح الفعل القصدي الموجَّه، هو المدار الذي تؤول إليه مختلف هذه المعطيات الحسية التي تشكل مادة أولية يستغلها الوعي لبناء فعل الإدراك، إذ تخضع لعمليات تحويل وإعادة تشكيل وفق قصد معين، هو جوهر الموضوع القصدي، وهو الذي يوجهها ويمنحها معنى.

لقد انسحب مفهوم القصدية الذي اعتمده المنظور الظاهراتي في تفسير طبيعة الأنشطة الذهنية وأفعال الوعي والإدراك، على تصورهم للخيال الذي يحظى بمكانة خاصة ضمن مجال اشتغال هذه الأنشطة، حيث أكدوا أنه وعي قصدي، وفعل بديهي وذاتي له استقلاليته عن مختلف الأنشطة الذهنية، وعن أفعال الوعي الأخرى، وله حياده الأنطولوجي غير الخاضع للقياس العقلي والمنطقي، إذ يستمد كينونته من مفهوم القصد الموجه، ويرتبط بالمعنى الذي يعطيه الإنسان للأشياء داخل العالم، «وهذا الارتباط تجربة عيش متميزة في كل مرة، نظراً للتوجيه القصدي الذي يؤسسها؛ لأن التمظهرات apparences والخيالات تشكيلات للمعنى (تشديد أصلي)، يتم إنجازها كقصد(...)» [66].

إن تركيز التصور الظاهراتي على مفهوم «القصدية» عند هوسرل، سيعطي للخيال عنده مكانة مميزة تجعله غير خاضع لمعيار الحقيقة والواقع، وتقدمه باعتباره نشاطاً لا يقل أهمية عن

باقي الأنشطة الذهنية الأخرى. وبذلك، تصبح العلاقة المفترضة بينه وبين معطيات الحسّ الخارجية، موضع مساءلة تعطي للخيال استقلاله وحياده، وتسحب من المعطى الحسي وضعه المركزي في بناء المعرفة، ليتحول إلى شرط ينضاف إلى شروط أخرى تتم إعادة تحويلها وبنائها وفق قصد موجه. وبذلك، يضعنا هذا التصور أمام تعددية لافتة، مردُّها إلى تعدد القصد وتنوعه، وقابليته للتحول والتجدد في كل حالة، حيث تتعدد الدلالات التي يمنحها هذا القصد للمعطى الحسي، وتتعدد أشكال البناء التي ينتجها الخيال الإنساني، وهذا يجعلنا نقف على جوهرية الطبيعة الحيوية والمتحولة للفعل الخيالي الخارق حدود المعقولية والمنطق، والموجود خارج ثنائية الخيال/ الواقع. لقد تناولت مانيلا ساريفا موضوع الخيال عند هوسرل واعتبرت أنه مرتبط ارتباطاً جوهرياً بحدود أساسية يتم من خلالها اشتغاله البنائي وهي «الحدس» و«الاستحضار» و«التحييد» وهي العناصر الأساس التي يدور اشتغال الخيال الإنساني في فلكها، ويتم من خلالها.

أ – الخيال حدس:

يعتبر هوسرل الخيال حدساً، ومن خلال هذا الاقتران التكويني والبنائي، يعيد هوسرل موقعة الخيال ضمن حدود جديدة لا تخضع للتموقع الذي يبقيه بين العقل والحس. وبذلك، يصبح للحدس دور فاعل وجوهري في ملء القصد الدلالي الفارغ من أي موضوع محدد، وهذا يُحِيلنا إلى الأهمية البالغة للخيال، باعتباره حدساً في بناء المعرفة،

وفي ملء الدلالة مَلْئاً يختلف عن ذاك الذي يتم في عملية الإدراك، إذ في هذه الأخيرة يتم الملء بحضور الشيء المدرَك نفسه، أما عملية الملء الخيالي، فتتم من «خلال تركيب نوعي synthèse spécifique للمشابهة مع الصورة، (بينما) يمتلئ الإدراك بواسطة تركيب للهوية المادية، حيث يتجلى الشيء «بذاته» في مظاهر متنوعة دون أن يتوقف عن كونه شيئاً واحداً مع ذاته»[67] .

هذا الملء القائم على أساس المشابهة مع الصورة، يكشف عن محورية الحدس في العملية التخييلية، وعن فاعليته في ملء الدلالة. «إن الدلالة، إذن حيث تمتلئ بالفعل الحدسي الخيالي أو الإدراكي، تمارس وظيفة»[68] .

ونظراً لاختلاف طبيعة اشتغال الحدس في كل من الإدراك والخيال، بالنظر إلى اعتماد الأول على الخصيصة الحضورية للشيء المدرَك واعتماد الثاني على المشابهة مع الصور، يربط هوسرل الحدس المقولي بالبداهة[69]، حيث تذهب ساريفا إلى أن هوسرل سوف يوسع هذا المفهوم ليقول بوجود خيال مقولي إلى جانب الإدراك المقولي. خيال يشكل مواده الخام ويبني موضوعاته على ما هو فوق حسي وغير مادي. وبذلك، يصير الخيال فعلاً معرفياً حاضراً في حياتنا اليومية بكاملها، وليس مجرد فعل استثنائي وآني يتمظهر في الأحلام مثلاً»[70] .

ب – الخيال استحضار:

يقيم هوسرل علاقة جوهرية بين الخيال والاستحضار، ويثير

الطبيعة المختلفة لاشتغال صيغتي الحضور/ الغياب في عمليتي الإدراك والخيال، ففي الأولى يتم استيعاب الموضوعات في حضورها العيني، في حين تعتمد العملية الثانية على استدعاء ما أُعطِيَ سابقاً في الوعي الإدراكي «لأن الإدراك يتم في حالة حضور الشيء موضوع القصد، بينما الخيال يعمل في ظل غياب هذا الشيء، فهو لا يملك زمناً حاضراً خارجه، بل زمنه الاستحضاري الحاضر داخله فقط»[71].

إن مفهوم الاستحضار الذي يطرحه هوسرل ويربطه بطبيعة اشتغال الفعل الخيالي، يثير هذه المفارقة الواضحة بين الصيغة الحضورية لفعل الإدراك، وصيغة المشابهة وإعادة التمثيل لفعل الخيال، هذا الفعل الذي يعمل في ظل غياب الشيء موضوع القصد، وباستدعاء ما تم تخزينه في عملية الإدراك، وبهذا يعيد هوسرل إثارة مفهوم إعادة الإنتاج باعتباره فعلاً وظيفياً للخيال. «إن الأفعال المستحضرة présentifiants للتذكير أو الخيال تكرر (تعيد) أو تعيد الإنتاج، بطريقتها الخاصة، لانعطاء donnation موضوع كان في الأصل قد وهب (أعطى) للوعي في زمن حاضر. ولذلك يسميان تعديلاً أو بعبارة أبسط إعادة إنتاج. إن الاستحضار وإعادة الإنتاج لدى هوسرل مرادفان لبعضهما البعض»[72].

يُعيد الاستحضار - باعتباره مكوناً رئيساً في الفعل الخيالي لدى هوسرل - إثارة مسألة التعالق المفترض بين الخيال والمحاكاة؛ حيث يصبح هذا الاستحضار مرادفاً لعملية إعادة الإنتاج. وبذلك، تختفي السمة الإبداعية الجوهرية للفعل الخيالي، أو على الأقل تتوارى خلف

الشكل الظاهري المُحيل إلى التماثل والمشابهة وإعادة إنتاج ما تم تخزينه سلفاً، وهذا يجعلنا نتساءل عن سيرورة البحث الأنطولوجي في الظاهرة الخيالية وعن مساره التطوري، فهل يتخذ هذا المسار طريقه التصاعدي الذي يروم تحقيق فتوحات جديدة من شأنها إغناء مجال البحث، والكشف عما لم تستطعه المباحث الفلسفية والجمالية القديمة بخصوص هذه الظاهرة؟ أم أن هذا الامتداد المفترض يجد نفسه ــ رغم تموقعه في مرحلة انتقالية تستدعيها طبيعة البحث ــ عائداً إلى ما خلصت إليه المباحث السابقة، وإذا كان الأمر كذلك فهل يمكن اعتبار ما خلصت إليه هذه المباحث سقفاً نهائياً لا تجاوزه المباحث اللاحقة وإن راهنت على الكشف الجديد؟

إن التركيز على الصيغة الحضورية، واعتبار الفعل الخيالي مستحضراً لها في سياق زمني وذهني آخر، يجعل الفعل الخيالي قريباً من فعل التذكر أو تجلياً آخر له بصفة مختلفة نسبياً عن طبيعتهما التكوينية، إذ الفعل الخيالي رغم ذلك هو نتاج قصد مختلف، وهذا يطرح إشكالية موقع الخيال الإبداعي الحر ومدى فاعليته وحيويته وانفلاته وخرقه حدود الجاهز والحاضر، إذ تعيق مفاهيم التماثل والمشابهة وإعادة الإنتاج فاعلية هذه السمة الإبداعية، ولتفسير هذه المفارقة يميز هوسرل بين نوعين من الأفعال الخيالية، أحدهما يحتفظ بالوضع الوقائعي، وهو الذي تتم فيه عملية الاستحضار لما تم تخزينه سلفاً، والآخر يعتمد على تحييد هذا الوضع الوقائعي، حيث يشتغل الفعل الخيالي بشكل حر لا يُحِيل إلى موضوعات واقعية يتم استحضارها، ولا يعتقد في قيمة وجودها أو واقعها، حيث «تنبثق

ظاهرة الخيال الحر، على الأساس نفسه للمادة القصدية، حين أقوم بتحييد طابع الاعتقاد (تشديد أصلي)، حينئذ تكون هذه الأحداث الماضية أو الآتية، جارية (...) أمامي، دون أن تهمني قيمة وجودها أو واقعها. إني أعبر إلى عالم لاواقعي، حيث يصير كل شيء ظهوراً apparence »[73].

إن تركيز هوسرل في توصيفه للفعل الخيالي على مفهوم الاستحضار، القائم على التماثل والمشابهة للمُعطى الحسِّي الإدراكي، يجعل مجال اشتغاله على الخيال الحر المتنصل من كل مرجعية إدراكية، محدود الأفق، مرتبطاً بعمليات التحييد التي تميز في نظره الخيال الإبداعي الفني، «إلا أن ساريفا تعيد التأكيد على إشكال الغموض الذي يظل قائماً بصدد الوعي الجمالي، سواء في علاقته بالاستحضار أم بالتحييد»[74].

وبذلك، لم ينل الخيال الإبداعي ـ بما تستدعيه طبيعته المتحررة واللامتناهية ـ حظَّه من مقاربات هوسرل، وإن كان قد أرسى أساس تصوره القائم على الطابع الحدسي للخيال، وعلى مفهوم القصدية التي تبعده عن أن يكون نسخةً مباشرة للإدراك، من خلال ما يستدعيه من عمليات التعديل والتغيير لما يتم تخزينه سلفاً، ولهذا ستكون أبحاثه انطلاقة لتصورات جديدة مع جان بول سارتر وإدوارد كيسي والمباحث السريالية التي غاصت في عمق النموذج الرومانسي، وذهبت به إلى أبعد الحدود، إذ ستعمل هذه التصورات على تعميق الأطروحة الظاهراتية، والمضي بالظاهرة الخيالية إلى آفاق رحبة لم تطرقها الأبحاث السابقة.

جـ ـ الخيال ومفهوم التحييد عند سارتر:

اتخذ البحث في الظاهرة الخيالية لدى سارتر امتداداً لما خلصت إليه التصورات الظاهراتية، وتعميقاً لما أثارته مباحث هوسرل، وتصوراته حول الفعل الخيال ومفهوم القصدية، وإشكالية تموقع هذا الفعل بين الواقعي واللاواقعي، وقد شكل هذا التموقع محور اشتغال سارتر الذي استبعد مفهوم الاستحضار الذي طرحه هوسرل، وركز على مفهوم التحييد باعتباره أساس الفعل الخيالي، غير أن التحييد عند سارتر لا يُبقِي هذا الفعل مؤرجحاً بين الواقعي واللاواقعي، من خلال تواتر الصور بين استحضار ما تَمَّ تخزينه سلفاً من عالم الحس بعد التعديل، وبين ما لم يسبق للحواس إدراكه، ولكن يجعله مطابقاً للواقع بالدرجة الأولى، حيث يصبح الفعل الخيالي تجلياً لموضوع غائب، وغير موجود، بل ومعدوم يتم الإمساك به من خلال التمثيل؛ فالخيال منطقة اشتغال لكل ما غاب عن إدراكنا وحسِّنا، وهو في نظر سارتر «انزلاق العالم في حضن العدم؛ ولا يمكن أن يتم انبثاق الواقع الإنساني من هذا العدم نفسه إلا بوضع شيء ما على أنه عدم بالنسبة للعالم، وبالنسبة لما يجعل من العالم عدماً (...)، إن ظهور الخيال أمام الوعي هو ما يسمح بالإمساك بإعدام العالم كشرط جوهري وكبنية أولى له» [75].

إن الخيال بهذا المعنى يُعدِم العالم، ولا يقدم سوى صور لاواقعية لها تبنيُنها من خلال العدم، ومن ثمَّة تنتفي أي علاقة له بالعالم الواقعي، وتصبح الصور التي ينتجها مجرد فعل انعكاسي سلبي ليس إلا طريقة في خداع الرغبات، لأن موضوعه «سالب يحيى بشكل اصطناعي،

لكنه في كل لحظة قابل للتبديد، ولن يكون قادراً على ملء الرغبات. مع ذلك، فهو ليس عديم الفائدة تماماً: أن نكون موضوعاً لاواقعياً؛ فتلك طريقة في خداع الرغبات لحظة (...)» [76].

إن إثارة مفهوم الانعكاس في مقاربة سارتر للظاهرة الخيالية، وتوصيفه بالسلبية القائمة على عمليات الإعادة والتكرار، الخالية من أي قيمة إبداعية أو علائقية يمكنها أن تشكل قيمة مضافة لهذا الفعل، يجعلنا نتساءل عن جدوى هذا الفعل الخيالي، وعن مدى فاعليته أو عدميته، كما يجعلنا نُسائل التناول المعرفي والإبستمولوجي لهذه الظاهرة، وطبيعتها الزئبقية المستعصية على القبض، فهل يؤشر هذا التراجع الذي شهده مسار البحث فيها ـ رغم تقدمه الزمني والمعرفي، ورغم تباين الرؤى واختلاف الأدوات الإجرائية ـ إلى طبيعة بنيوية فيها، تجعلها رغم تصاعد مقامات مقاربتها تعود إلى تفسيرها الأول الذي حصرها في الفعل الانعكاسي المباشر وفي محورية المحاكاة؟ أم إن الأمر مرتبط بقصور النظرية، وعدم قدرة مناهج البحث على اختراق المجال الشائك لطبيعة اشتغال الفعل الخيالي، ولآفاقه اللانهائية والمتجددة، ولما يمكن أن تحجبه طبيعته المُعتِمة من منافذ ضوء يمكن من خلالها الولوج إلى عالمه السحري؟ وإذا كان الأمر كذلك فما هي الإضافات التي قدمتها النظريات النقدية اللاحقة، وما مدى استفادتها من نتائج البحث السابقة إذا كانت العودة إلى ما أقرته وخلصت إليه نتيجة حتمية؟

لا يقوم الخيال عند سارتر بعمليات ملء متباينة يستدعيها الفعل القصدي كما تصور هوسرل، ولكنه ينفي نفياً تاماً هذا العالم الواقعي

الذي تظل معطياته الحسِّية كامنة تتم عمليات تعديلها وإعادة بنائها، وإذا كان هوسرل قد أثار مسألة إعادة الإنتاج، وجعلها مرادفة للفعل الخيالي، فإن سارتر ذهب أبعد من ذلك، إذ نزع عن هذا الفعل أي وظيفة فعالة وإيجابية حين قذف به إلى عالم العدم واللاواقع، حيث تتساوى الصور الذهنية التي ينتجها في عدميتها وفقرها، ولا يصبح الحديث عن صفته الإبداعية والخلاقة ذا شأن أو قيمة، وبهذا يعود بنا تتبع مسار تناول الظاهرة الخيالية إلى النقطة التي انطلق منها حينما ينحط شأنه، وتختفي قيمته ويتم اختزاله في هذه الأنشطة الذهنية التي تُجافي العقل، وتبتعد عن عالم الواقع بمسافات ليست باليسيرة، ويصبح الحديث عن القيمة المعرفية والجمالية لهذا الفعل أمراً بلا جدوى، و«بذلك يقدم سارتر خليطاً من النزعة الثنائية المثالية ذات المحتوى الظاهراتي النفساني الشاحب، دون المساس بثراء وتنوع وتعقد الظاهرة الخيالية، مما يؤشر على أن مقترحاته تشكل تراجعاً في المسار الذي بدأه هوسرل»[77] .

د – إدوارد كيسي ومستويات الفعل الخيالي:

إن النظرة الاختزالية التي عاد إليها مفهوم الخيال في تصور سارتر، والتي جعلته رهين الرؤية الانعكاسية المباشرة لما تختزنه الحواس، ستدفع بمسارات البحث إلى آفاق جديدة تحاول مقاربة هذه الظاهرة، وبحث مسالكها الشائكة والمعقدة، لذلك سيحاول إدوارد كيسي الإفادة من التصور الظاهراتي لتجاوز النظرة السلبية التي وسمت مفهوم الخيال، حيث جعل العملية الخيالية تتم من خلال

مراحل تختلف فيها مستويات اشتغال النشاط الذهني، وتتباين تجلياته، فهناك مرحلة الفعل الخيالي التي يحدث فيها التخيل، حيث «يقوم على الخصائص المدركة من طرف الحواس»[78]، وهي مرحلة بسيطة لا تتجاوز حدود المعطى الحسي، وتتصاعد عمليات هذا الفعل في بنائها لتتخذ شكلاً أكثر تشابكاً وتعقيداً بالمقارنة مع العملية الأولية للفعل، حيث تدخل في شبكة علائقية، ويتم تخيل أشياء أو وقائع بناء على علاقات زمانية أو مكانية أو سببية، وهذا الصنف من الفعل الخيالي ذو طبيعة علائقية، بحيث تكتسي فيه الروابط العلية أو الزمانية والمكانية أهمية قصوى، لذلك فمادته الأولية غير مشروطة بالمعطى الحسي كالسابق، لكنه يمكن أن يكون حسياً ولا حسياً[79].

وهناك صنف ثالث في مرحلة الفعل، ينحدر من الصنفين السابقين، ويركز على كيفية وقوع فعل التخيل، غير أنه يتميز عن الصنف الثاني بدرجة تعقده بشكل دينامي[80].

أما مرحلة الموضوع، فتشمل المحتوى المُتخيَّل، وقد أشار العربي الذهبي إلى أنها تضم عند كيسي مجموع الأفعال والأشياء التي يتركز حولها انتباهنا أثناء العملية الخيالية، كما تشمل الهامش الخيالي الذي يخرج عن حدود ما نتخيله، وكذا الصورة التي تحدد صفة العرض الخيالي وتتفاوت من حيث درجة تماسك عناصرها[81].

إن ما يميز التقسيم الذي طرحه كيسي هو هذه البنية التصاعدية لمستويات الفعل الخيالي، التي تتدرج من البساطة إلى التعقيد. وبذلك، لا ينحصر في مجرد المستويات الأولية التي تجعل منه انعكاساً مباشراً

لمعطيات الحس، وإنما يرتقي في شكل تصاعدي من خلال الأشكال العلائقية التي تبنين شبكاته. وبذلك، يؤشر التصور الذي صدر عنه هذا الأخير إلى وعيه العميق بالظاهرة الخيالية، وإلى إدراكه مدى تعقيدها، وتشابك مكوناتها وأنشطتها وأشكال اشتغالها، فبقاؤها في المستوى السطحي الأولي الذي يربطها بشكل آلي بالانعكاس المباشر لمعطيات الحس مردود عند كيسي، بل هو شكل من أشكال التناول السلبي المختزِل الذي انتقده في مقاربة سارتر. وبذلك، تتراجع الرؤية التحقيرية للخيال مرة أخرى، ويعود مسار البحث في الظاهرة إلى تسلق سلمه الإبستمولوجي بشكل إيجابي وتصاعدي، يؤشر بقوة إلى مدى زئبقية هذه الظاهرة، ومدى تشابك عناصرها وأشكال تجليها واشتغالها ضمن أنشطة الذهن اللامحدودة.

اعتمد كيسي في تحليله للظاهرة الخيالية على تتبع الفعل الخيالي، وبيان خصيصاته الجوهرية التي تسمه، وتكشف طرق اشتغاله، حيث تتبع أشكال حدوث هذه السمات، وكيفيات تمظهرها، وحددها من خلال أزواج ثلاثة:

– التلقائية/ المراقبة الذاتية.

– الاحتواء الذاتي/ البداهة الذاتية.

– اللاتعيين/ الإمكان المحض.

*** التلقائية:**

اعتبر كيسي أنها تتجلى في العرض الخيالي أكثر مما تتجلى في

الفعل الخيالي ذاته، لأن ما «نتخيله أكثر تلقائية من الفعل ذاته»[82]، ولهذه السمة الجوهرية في نظره صفات تحدد طبيعتها، وتصف أشكال تجليها أثناء اشتغال الفعل الخيالي، كالحرية والقدرة على المفاجأة والطابع الآني؛ فهي تُحيل إلى الطابع الحر للفعل الخيالي، وإلى تنصله من كل قيد خارجي أثناء عمليات الإنجاز، كما أن هذا الاشتغال المنبني على التلقائية يجعل الفعل مهيأ لخرق كل تخطيط مسبق، وغير خاضع لخطة معينة تحدد مساره، حيث يجد ضالته في الانسياب الحر الذي لا يعرف إلى أين سيصل به المسار، وهذا يضفي على الفعل الخيالي طابع المفاجأة الذي يضع كل التوقعات موضع شك وتغيير دائمين، حيث إن اللاتوقع والمجهول هما ما يدفع بسيرورة هذا الفعل، ويحفر مجراه، ففي الرغبات الذاتية الواعية للرقابة يقل عنصر المفاجأة، «رأما في الخيال التلقائي (غير المراقب) ـ والشعر منه تماماً ـ فالذات المُتخيَّلة غير عارفة حتى بالمقاصد والرغبات التي تنشط تجربتها، ولذلك يأخذها ما تتخيله فجأة ويأسرها مثل هبة غير منتظرة»[83].

فضلاً عن عنصر المفاجأة، يمتاز الخيال التلقائي بطبيعته الآلية ما دامت حركته تخرق كل التوقعات، وتخوض غمار المجهول، وهذه الطبيعة الآنية تجعله مقترناً باللحظة التي يتم فيها بزوغ تجلياته بشكل فوري، حيث يصبح الفعل الخيالي شبيهاً بـ«انفجار ذهني» ينجلي دفعة واحدة[84]

هذه السمة الجوهرية وما تختص به من صفات تحدد طبيعتها، تجعل من القصد الظاهراتي أمراً غير محدد من قبل، ولا يخضع

لتحديد مسبق، وهي بذلك تدرج الفعل الخيالي في سيرورات مجهولة غير مؤطرة ولا مخطط لها مسبقاً، حيث يصبح الامتلاء القصدي غير ملزِم بالضرورة، وخاضعاً لحالات من التحول والتجدد، تفرضها طبيعة المسار المجهول للفعل الخيالي الذي يخرق الحدود، ولا يخلو من المخاطرة. وبذلك، يقترن الحديث عن تجليات الفعل الخيالي باللاتحديد وبالتوالد المستمر والمتجدد الخارق لكل قيد خارجي، المعتمد بالدرجة الأولى على ذاته، فهو يحدث من «انبثاق لا يستند إلى أي سبب ظاهر، أو أي حافز أو برهان. يظهر بشكل لم يكن مطلوباً ولم يكن مفكراً فيه من طرف الذات المُتخيَّلة، بطريقة مفاجئة، وهو إجراء يتم بفعل قوى الدافع الذاتي»[85].

* المراقبة الذاتية:

ربط كيسي هذه السمة بمقام خاص يمر عبره مسار الفعل الخيالي، حيث يتيح هذا المقام للشخص المُتخيِّل أن يمارس رقابة على مجريات هذا الفعل، وعلى سيروراته المفترضة، التي يتم من خلالها حصر المعنى بما يتناغم مع رغبة الذات المُتخيِّلة، وتتمظهر هذه السمة في نظر كيسي من خلال مجموعة من السمات الثانوية التي تتيح إمكانية تحققها واشتغالها في مقدمتها «المبادرة» «وتهم القدرة على الدفع بالنشاط الخيالي للاستجابة لرغبة معينة تكون مسعى إنجازه. حين يكون المرء في موقف ما، يمكنه، بناء على اختياره الشخصي، أن يتخيل عدة أشياء وأحداث بصدد موضوع ما، محتلاً، بذلك، موقع امتلاك المبادرة على هذا الإنجاز بالطريقة التي يقصدها»[86].

122

فضلاً عن المبادرة التي ترتبط بطبيعة التحرر الذاتي التي تقتضيها سمة التلقائية، يأتي «التحكم» باعتباره سمة ثانوية تمكن من تبنين المراقبة الذاتية، إذ يسمح هذا الأخير بتوجيه الفعل الخيالي، والتحكم في مجراه، بحيث يصبح للذات المُتخيِّلة هذه القدرة على تصويب الفعل الخيالي إلى جهة معينة رغم طبيعته المتحررة والتلقائية المنسابة. وبذلك، تتناغم هذه السمات وتتيح إمكانات مضاعفة تجعل من الفعل الخيالي فعلاً ليناً متحولاً متجدداً، قابلاً لحالات تجتمع فيها الأضداد لتتماهى وتتناغم دون أن تتعارض، فبين التحرر والانطلاق الذاتي، وبين المبادرة والتحكم في مجريات هذا الفعل يكتسي طبيعة خاصة لا تتوفر لسواه من الأنشطة الذهنية المتعددة والمتشابكة، وهذا من شأنه أن يذكي فاعليته وطاقاته الظاهرة والكامنة، وإمكاناته اللامحدودة التي لا تتوقف عن التجلي «إننا لسنا قادرين فقط، على إدراج تجاربنا الخيالية حيث نشاء، بل كذلك على تصويبها حيث نرغب»[87].

هذه السيرورة التي يسلكها الفعل الخيالي، والتي يتم الدفع بها وكذا التحكم فيها من خلال توجيهها صوب رغبة معينة، تفترض أن يتم وقفها في أي لحظة، وهذا ما تتيحه السمة الثانوية الموالية التي يسميها كيسي «التمام»، حيث يتم توقيف الفعل الخيالي من أجل أفعال أخرى، أو بداية تجارب خيالية أخرى جديدة.

* الاحتواء الذاتي:

يتحقق اشتغال هذه السمة من خلال مجموعة من الخصائص في مقدمتها «الحصر الذاتي»؛ فإذا كان الموضوع المدرَك يحتاج

إلى معطيات خارجية موجودة مسبقاً، يتم الاعتماد عليها في عملية الإدراك، فإن الفعل الخيالي يقوم بعمليات حصر ذاتي، دون الاعتماد على ما هو خارجي، من خلال قدرته على إنشاء حدود موضوع تخيله، فتكون فاعلية الفعل الخيالي هي المسؤولة عن هذا الحصر «ولذلك ليس المستوى الخيالي هو الذي يحصر التجربة الخيالية ذاتياً، بل نشاط وفاعلية الفعل الخيالي نفسه، في غياب حصر خارجي يمكننا الحديث فقط، عن حصر ذاتي للتجربة الخيالية من طرف الفعل الخيالي الواعي بذاته؛ حصر ناتج عن الذات الفاعلة من تلقائها. هو ذا ما يشكل الخاصية الأولى للاحتواء الذاتي»[88].

فضلاً عن هذه الطبيعة الذاتية التي تميز عمليات الحصر، يختص الاحتواء الذاتي بما يسميه كيسي «الانقطاع» والذي يتم على مستويين: خارجي وداخلي، ويتيح استقلالية الفعل الخيالي، وتميزه الجوهري عن الأنشطة الذهنية الأخرى، فهو أكثر جذرية؛ لأنه يؤشر إلى انفصال الخيال وتميزه الجوهري عن باقي الأفعال الذهنية (الإدراك ـ التذكر...) ويكون انفصالاً خارجياً وآخر داخلياً. في الأول، ينقطع فعل الخيال عن أفعال أخرى إدراكية أو تذكرية. وفي الثاني ينقطع فعل خيالي ما، عن فعل خيالي آخر يليه، بحكم استبعاد أي ضرورة سببية تضبط توالي الأفعال الخيالية[89].

يختص الاحتواء الذاتي «بعدم قابلية التوضيح» في الفعل الخيالي؛ نظراً لعدم خضوع الموضوع الخيالي لإجراءات تمكن من وضوحه بشكل تدريجي، كما هو الحال في موضوع الإدراك الذي يتم اتخاذ أوضاع مختلفة لإدراكه، وهذا يعود إلى أن المعطى الخيالي ومحتواه

يأتي دفعة واحدة. وبذلك، فمحاولة استكشاف المعطى الخيالي عديمة الجدوى أمام كلية وفورية الانعطاء المباشر للموضوع الخيالي [90].

* البداهة الذاتية:

إن اكتفاء الفعل الخيالي بذاته، وعدم خضوعه لأي معطى خارجي يقيد طرائق اشتغاله، ويجعله بديهياً بذاته، ما دامت سمة الاحتواء الذاتي تحقق له هذا الحياد المعلن، ويستلزم وجودها الطبيعي وجود البداهة الذاتية فيه، وقد خصَّ كيسي هذه السمة بخاصيتين اثنتين تميزان سيرورات الفعل، ويبدو أن تناوله لهاتين الخاصيتين، سيسلط كثيراً من الضوء على منافذ ظلت موضوع خلاف في المباحث النظرية التي تناولت الظاهرة، نظراً لكونها تلامس جانباً حساساً لا يسمح بتحديد موقع الخيال ضمن خارطة القبول واللاقبول التي يفرضها النظر العقلي والمنطقي، يتعلق الأمر بمسألة الصدق والكذب التي ظلت – بموجب الطبيعة المغايرة للفعل الخيالي – مُعلَّقةً بين شروط المعقولية والمنطقية التي يفرضها التصور التقليدي والعقلاني، ليكون الخيال تبعاً لهذه الشروط كذباً تاماً تنتفي عنه صفة الحقيقة، وبين تصورات أخرى تجعل الخيال خارج القياس المنطقي والعقلاني. وبذلك، لا تنطبق عليه شروطه ليصل إلى درجات عالية من الصدق والتحقيق كما هو الحال عند الصوفية والرومانسية، لذلك يرى العربي الذهبي أن إدوارد كيسي قد انتبه – مستفيداً في ذلك من مقترح هوسرل – إلى ثغرة أغفلتها مجمل هذه التصورات النظرية، تلك التي يظهر من خلالها الموقع الحيادي للفعل الخيالي، وطبيعته التكوينية التي تجعله خارج حدود التحقيق أو التكذيب. وبذلك، يخص

كيسي البداهة الذاتية بخاصية عدم القابلية للتصحيح، نظراً لحيادية الفعل الخيالي غير القابل بطبيعته لأن يكون موضع حكم بالصحة أو الخطأ «فالفعل الخيالي (عكس الإدراك) لا يمنحنا أي أساس يمكننا من الحكم على شخص ما إذا كان مصيباً في فعله الخيالي أو مخطئاً؛ ما دامت لا توجد هناك أحداث خارجية خيالية نقارن بها العرض الخيالي ونقيسه عليها»[91].

تكشف هذه الخاصية الستار عن طبيعة ظلت مستعصية على مجال البحث، وظل الخيال بموجب استعصائها، خاضعاً لحدود النظر العقلي الذي يصنفه بناء على حدوده وقوانينه في خانة الغلط والكذب، أو خاضعاً لرؤى أخرى تجعله في موضع التحقيق الكامل؛ إن الفعل الخيالي في نظر كيسي، خارج هذه الحدود جميعاً، ويمكن القول على سبيل التشبيه إنه في مقام برزخي خاص يمنحه هذه اللاقابلية، ويجعله خارج حدود الحقيقة والغلط.

بالإضافة إلى عدم القابلية للتصحيح، يطرح كيسي خاصية الصدق المرتبطة بسمة البداهة الذاتية، ويميز كيسي في هذا السياق بين «الصدق» الذي يأتي من الانعطاء المباشر للفعل الخيالي، وبين «التطابق» الذي يحدث في فعل الإدراك، فإذا كان فعل الإدراك يسمح بإمكانية التحقق وإثبات الصحة، فإن الفعل الخيالي لا يقبل ذلك. وبذلك، فالإدراك يختص بالتطابق، والخيال يختص بالصدق «ولا يحصل التطابق في الخيال قط لأنه مستغنٍ عنه. وهو من الأمور التي تميز الخيال عن الإدراك. فالبداهة الذاتية لا تطرح سؤال «مطابقة» أو «عدم مطابقة» حقيقة خارجية»[92].

* اللاتعيين:

يركز كيسي في تناوله للظاهرة الخيالية على سماتها التي بها تتفرد وتختلف عن مختلف الظواهر الأخرى، بحيث ينبني نسقها بشكل ذاتي داخلي، ويفترض تبعاً لذلك آليات خاصة، وطرائق اشتغال وتجلٍّ مغايرة، وينجم عنه هذا الطابع الحيوي والمتجدد الذي لا يعرف الحدود، ولأن الفعل الخيالي غير محدد ولا مُعيَّن، فإن الموضوعات المُتخيَّلة هي نتاج لهذه الطبيعة، كما يشمل هذا اللاتعيين الإطار الزمني والمكاني للوقائع الخيالية، وكذا الهامش الخيالي الذي يفلت في كل محاولة تعيين، فضلاً عن الصورة التي تختلف درجاته فيها تبعاً لدرجة وضوحها وتماسك بنائها وتوجيهها.

* الإمكان المحض:

يرى العربي الذهبي أن هذه السمة الأخيرة للظاهرة الخيالية، أماطت اللثام عن قضية الحقيقة الأنطولوجية للخيال، حيث ستصبح ثنائية الواقع/ اللاواقع التي توزع بين مجالاتها في مختلف المباحث النظرية والفلسفية غير مطروحة تماماً بالنظر إلى أهمية هذه السمات الجوهرية التي كشفت النقاب عن طبيعته التي يتم اشتغال الفعل الخيالي تبعاً لتحولاتها اللامحدودة واللانهائية، تلك التي تخرق كل ما يخضع لما هو جاهز، وتسير وفق أنظمتها الذاتية المنحلَّة من كل قيد «هذه السمة الجوهرية الأخيرة للظاهرة الخيالية تدفع بكل الجدل الدائر بصدد «الحقيقة» الأنطولوجية للخيال إلى الانحلال من تلقاء نفسه؛ لأن إشكال حقيقة الخيال يتم تنقيله هنا وتغيير عناصره تماماً؛

الشيء الذي يمكننا معه اعتبار مسألة «حقيقة الخيال»، انطلاقاً من ثنائية الواقع/ اللاواقع، عديمة الجدوى، بل وزائفة»[93].

إن ما يفرضه الفعل الخيالي تبعاً لهذه السمة، هو هذا المجال «الإمكاني» الذي تسبح في فلكه الموضوعات الخيالية، والهامش الخيالي[94]، والصورة بمختلف تمظهراتها ودرجات وضوحها، بحيث يصبح كل شيء مفتوحاً على الممكن اللامحدود، وتتعدد تبعاً لذلك تجليات هذا الممكن، وتتوالد في سيرورات لا تقبل التوقف، وهذا يُحيل إلى ثراء الظاهرة الخيالية وإلى انفتاح مجالها الدائري، فـ«أن نتخيل يعني ضمن هذه الإشكالية الأنطولوجية افتراض وجود شيء أو موضوع أو حدث أو حالة وقائع باعتبارها ممكنة بكيفية محضة»[95].

يقوم الأساس الذي انطلق منه كيسي، في تحليله للظاهرة الخيالية بالدرجة الأولى، على تتبع ما من شأنه أن يلامس جوهرها، وبذلك تسقط في نظره كل الثنائيات التي يفرضها التصور المنطقي، ويخضع الفعل الخيالي لأحكامها كالواقع/ اللاواقع، الصدق/ الكذب... لصالح أزواج جديدة أهم ما يميزها أنها تجعل الفعل الخيالي في مجال مفتوح لا حدود لجغرافيته، ولا قوانين صارمة تحكم انجلاءه إلا تلك التي ينتجها بذاته، ويتحرك وفق إمكاناتها الهائلة التي تجعله في تجدد وتوالد مستمرين، يصبح معهما الخيال مجالاً خصباً للممكنات اللامحدودة، وهذا سر ثرائه وفرادته.

لقد استطاع كيسي من خلال خطابه النظري أن يسد الثغرات

التي تركتها التصورات السابقة حين عاملت الخيال معاملة الظواهر الخاضعة للنظر العقلي والمنطقي، كما ارتقى بالفعل الخيالي إلى مدارج جديدة تليق بفرادته، وبهذا يصل التصور الظاهراتي للخيال مع كيسي إلى مزارات أكثر عمقاً ونفاذاً، ستشكل لبنة أساسية جديدة وفريدة في بناء النظرية المعاصرة للمُتخيَّل التي ستتواصل الغوص في أقاصي هذه المزارات، وستتبع الفضاء اللانهائي واللامحدود الذي تسبح الظاهرة الخيالية في فَلَكِه.

هوامش الفصل الثاني:

1 – أبـو عثمـان عمرو بن بحر الجاحظ، كتاب الحيوان، مصدر سـابق، ص379 – 380.

2 – ابن سـينا، الفن التاسـع من الجملة الأولى من كتاب الشـفاء، ضمن كتاب فن الشعر، مصدر سابق، ص161.

3 – محمد أحمد بن طباطبا العلوي، عيار الشعر، تحقيق: عباس عبد الستار، دار الكتب العلمية، ط2، بيروت، 2005م، ص9.

4 – جابـر عصفور، مفهوم الشـعر دراسـة في التراث النقـدي، الهيئة المصرية العامة للكتاب، ط5، القاهرة، 1995م، ص29 – 30.

5 – ابن رشـيق القيروانـي، العمدة في محاسـن الشعر وآدابه ونقده، تحقيق: محمد محيي الدين عبد الحميد، ج1، ط5، دار الجيل، دمشق، ص20.

6 – جابـر عصفور، الصورة الفنية والبلاغية عند العرب، مرجع سـابق، ص56 – 57.

7 – عبد القاهر الجرجاني، أسـرار البلاغة، تحقيق: محمود محمد شـاكر، مطبعة المدني، القاهرة، (د.ت)، ص342 – 343.

8 – عبد القاهر الجرجاني، أسرار البلاغة، مصدر سابق، ص275.

9 – يورد الجرجاني في حديثه عن التخييل الذي يكون بتناسـي الأصل التشـبيهي الاسـتعاري فصلاً بين ما كان منه بالتعليل أو بنفي العلة وادعاء علة أخرى «كأن يكـون للمعنى مـن المعاني والفعل من الأفعال علة مشـهورة، من طريق العادات والطباع، ثم يجيء الشـاعر فيمنع أن تكون لتلك المعروفة، ويضع له علة أخرى. مثال قول المتنبي: (من الرمل)

ما به قتل أعاديه ولكن يتَّقي إخلافَ ما ترجو الذئابُ

الـذي يتعارفـه النـاس أن الرجل إذا قتـل أعاديـه، فلإرادته هلاكهـم، وأن يدفع مضارَّهم عن نفسـه، وليسلمَ مُلكه ويصفو من منازعاتهم، وقد ادعى المتنبي كما ترى أن العلَّة في قتل هذا الممدوح لأعدائه غير ذلك». أسـرار البلاغة، المصدر السابق، ص296.

10 – نفسه، ص302.

11 – عبد القاهر الجرجاني، أسرار البلاغة، مصدر سابق، ص275.

12 – نفسه، ص273.

13 – حـازم القرطاجني، منهاج البلغاء وسـراج الأدباء، تحقيق: محمد الحبيب بن الخوجة، دار الغرب الإسلامي، ط3، بيروت، 1986م، ص89.

14 – ابن سـينا، كتاب الشـفا، ضمن كتاب فن الشـعر، أرسطو طاليس، مصدر سابق، ص161 – 162.

15 – يقارن حازم بين الصناعة الخطابية والصناعة الشـعرية، ويطرح الأسـاس الـذي تقومان عليـه؛ فالأولى تقوم على تقوية الظن ما لم يعدل بها عن الإقناع إلى التصديق، والثانية تقوم على التخييل، واعتبر أن الظن ينافي اليقين خلافاً للتخييل الـذي لا ينافيه، «لأن الشـيء قد يخيل على ما هو عليـه وعلى غير ما هو عليه» حازم القرطاجني، منهاج البلغاء وسراج الأدباء، مصدر سابق، ص62.

16 – نفسه، ص62 – 63.

17 – حازم القرطاجني، منهاج البلغاء وسراج الأدباء، مصدر سابق، ص89.

18 – حسـن العوري، «الخطاب الشـعري ووظائف التخييل عنـد القرطاجني»، حوليات الجامعة التونسية، ع57، منوبة – تونس، 2012م، ص223.

19 – تحدث حازم عن القوى التي بها يحسن إحكام صنعة الشعر، وإدراك أسرار الكلام، واعتبرها القوى المسـاعدة على بلوغ الشـاعر «مقاصد النظم وأغراضه وحسـن التصرف فـي مذاهبه وأنحائه» وميز بها مراتب الشـعراء، ومسـتويات تحقق الشـعرية في نصوصهم من حيث درجة امتلاكهم لها، وقد حددها في عشـر قوى: القوة على التشبيه، القوة على تصور كليات الشعر، القوة على تصور صور القصيدة، القوة على تخيل المعاني، القوة على تحقيق التناسب بين المعاني، القوة علـى اختيار العبارة، القوة على التحيل في تسـيير العبارة، القوة على الالتفات، القوة على تحسين وصل الفصول ببعض، القوة على تمييز حسن الكلام من قبيحه. حازم القرطاجني، منهاج البلغاء وسراج الأدباء، مصدر سابق، ص200 – 201.

20 – نفسه، ص200.

21 – حازم القرطاجني، منهاج البلغاء وسراج الأدباء، مصدر سابق، ص89.

22 – نفسه، ص96.

23 – نفسه، ص90.

24 – العربي الذهبي، شعريات المُتخيَّل اقتراب ظاهراتي، مرجع سابق، ص48.

25 – حازم القرطاجني، منهاج البلغاء وسراج الأدباء، مصدر سابق، ص112.

26 – عاطف جودة نصر، الخيال مفهوماته ووظائفه، مرجع سابق، ص181.

27 – أرسطو طاليس، فن الشعر، مصدر سابق، ص21.

28 – أرسطو طاليس، فن الشعر، مصدر سابق، ص12 – 13.

29 – العربي الذهبي، شعريات المُتخيَّل اقتراب ظاهراتي، مرجع سابق، ص90.

30 – نفسه، ص90.

31 – محمد بنيس، الشعر العربي الحديث بنياته وإبدالاتها: 2 الرومانسية العربية، دار توبقال، ط3، الدار البيضاء، 2014م، ص18.

32 – العربي الذهبي، شعريات المُتخيَّل اقتراب ظاهراتي، مرجع سابق، ص94.

33 – محمد مفتاح، الشعر وتناغم الكون، مرجع سابق، ص155.

34 – »كانت من تأسيس الأخوين شليجل، أوغست (1767 – 1845م) وفريدريك (1772 – 1829م)، وهما ناقدان فيلسوفان تندمج أعمالهما ضمن فلسفة عصرهما، وخاصة كانط وفيخته، ثم ضمت الجماعة حوالي عشرة أشخاص، دام وجودها من 1796م إلى 1803م. ونشرت أعمالها النظرية في مجلة أتينيوم Atheneum التي صدرت من 1798م إلى 1800م«. محمد بنيس، الشعر العربي الحديث بنياته وإبدالاتها: 2 الرومانسية العربية، مرجع سابق، ص10.

35 – Georges Gusdorf, L'homme Romantique, Les Éditions Payot Collection: Bibliothèque scientifique, Paris, , 1984, p 38.

36 – محمد بنيس، الشعر العربي الحديث بنياته وإبدالاتها: 2 الرومانسية العربية، مرجع سابق، ص12.

37 – محمد بنيس الشعر العربي الحديث بنياته وإبدالاتها: 2 الرومانسية العربية، مرجع سابق، ص15 – 16.

38 ــ نفسه، ص16.

39 ــ Georges Gusdorf, L'homme Romantique, p 38.

40 ــ Georges Gusdorf, L'homme Romantique, p 45.

41 ــ Georges Gusdorf, L'homme Romantique, p 46.

42 ــ Georges Gusdorf, L'homme Romantique, p 57.

43 ــ «سألني صديقي القديم فجأة: ما الأنا؟ لم أستطع جواباً. لا بد أن نضع أنفسنا مــكان وجهة النظر الحميمة للوعي، وبمجرد ما تحضر هذه الوحدة التي تنتسـب لجميع الظواهر فإننا ندرك هذه الأنا ولا نسأل بعد ما هي».

Georges Gusdorf, L'homme Romantique, p 44.

44 ــ Ibid, p 47.

45 ــ Ibid, p 55.

46 ــ Georges Gusdorf, L'homme Romantique, p 451.

47 ــ Georges Gusdorf, L'homme Romantique, p 460.

48 ــ Georges Gusdorf, L'homme Romantique, p 447.

49 ــ Georges Gusdorf, L'homme Romantique, p 452.

50 ــ العربي الذهبي، شعريات المُتخيَّل اقتراب ظاهراتي، مرجع سابق، ص113.

51 ــ Georges Gusdorf, L'homme Romantique, p 456.

52 ــ Ibid, p 461.

53 ــ Ibid, p 453.

54 ــ Ibid, p 445 ــ 446.

55 ــ محمد بنيس، الشــعر العربي الحديث بنياته وإبدالاتها: 2 الرومانسية، مرجع سابق، ص22.

56 ــ Georges Gusdorf, L'homme Romantique, p 56.

57 ــ محمد بنيس، الشــعر العربي الحديث بنياته وإبدالاتها: 2 الرومانسية، مرجع سابق، ص21.

58 ــ محمــد بنيس، الشــعر العربي الحديث 3، الشــعر المعاصر، مرجع سابق، ص42.

59 – محمـد بنيس، الشـعر العربي الحديث 3، الشـعر المعاصر، مرجع سابق، ص42.

60 – محمد شـكري عياد، «المذاهب الأدبية عند العرب والغربيين»، سلسلة عالم المعرفة، ع177، سبتمبر، الكويت، 1993م، ص184.

61 – استعملت كلمة «السيريالية» (فوق الواقعية) وصفاً لأول مرة سنة 1917م في عنوان مسرحية لأبولينير، الذي يعد من الرعيل الأخير من الرمزيين، ثم أصدر أندريه بريتون «البيان الأول للسيريالية» سنة 1924م، ودعا فيه إلى إطلاق العنان للعقـل الباطن كـي يعبر عن خفاياه بحرية تامة عن طريق «الكتابة الآلية». محمد شكري عياد، المذاهب الأدبية عند العرب والغربيين، مرجع سابق، ص185.

62 – محمد شـكري عياد، المذاهب الأدبية عند العرب والغربيين، مرجع سـابق، ص185.

63 – اعتمدت في هذا التحديد على ما ورد في الفصل الخامس من كتاب شعريات المُتخيّل اقتراب ظاهراتي، مرجع سابق.

64 – العربي الذهبي، شعريات المُتخيّل، اقتراب ظاهراتي، مرجع سابق، ص126.

65 – العربي الذهبي، شعريات المُتخيّل، اقتراب ظاهراتي، مرجع سابق، ص125

66 – العربي الذهبي، شعريات المُتخيّل، اقتراب ظاهراتي، مرجع سابق، ص127.

67 – العربي الذهبي، شعريات المُتخيّل، اقتراب ظاهراتي، مرجع سابق، ص134.

68 – نفسه، ص131.

69 – ولأن الحـدس المقولـي يرتبـط بالبداهة فهـو الَّذي يمكن مـن وجود إدراك مقولي مجرد لأشـياء العالـم والبداهة بالتالـي، متعلقة بالحقبـة؛ حقيقة معر فتنا بالعالم كتجربة معيشـة. وتقوم هذه الحقيقة على الهوية أو الاتفاق بين المسـتهدف le visé وبيـن المعطـى كما هـو، انطلاقاً من التحقق المعيش لهـذه العلاقة، حيث تحصل البداهـة. العربي الذهبي، شـعريات المُتخيّل، اقتـراب ظاهراتي، مرجع سابق، ص137.

70 – العربي الذهبي، شعريات المُتخيّل، اقتراب ظاهراتي، مرجع سابق، ص137.

71 – نفسه، ص139.

72 – نفسه، ص138.

73 – العربي الذهبي، شعريات المُتخيّل، اقتراب ظاهراتي، مرجع سابق، ص141.

74 – العربي الذهبي، شعريات المُتخيَّل، اقتراب ظاهراتي، مرجع سابق، ص148.

75 – العربي الذهبي، شعريات المُتخيَّل، اقتراب ظاهراتي، مرجع سابق، ص153.

76 – نفسه، ص155.

77 – العربي الذهبي، شعريات المُتخيَّل، اقتراب ظاهراتي، مرجع سابق، ص155.

78 – نفسه، ص157.

79 – العربي الذهبي، شعريات المُتخيَّل، اقتراب ظاهراتي، مرجع سابق، ص158.

80 – نفسه، ص158.

81 – نفسه، ص159.

82 – العربي الذهبي، شعريات المُتخيَّل، اقتراب ظاهراتي، مرجع سابق، ص161.

83 – نفسه، ص161 – 162.

84 – العربي الذهبي، شعريات المُتخيَّل، اقتراب ظاهراتي، مرجع سابق، ص162.

85 – نفسه، ص163.

86 – نفسه، ص164.

87 – العربي الذهبي، شعريات المُتخيَّل اقتراب ظاهراتي، مرجع سابق، ص164.

88 – نفسه، ص169.

89 – العربي الذهبي، شعريات المُتخيَّل اقتراب ظاهراتي، مرجع سابق، ص169.

90 – نفسه، ص170 – 171.

91 – العربي الذهبي، شعريات المُتخيَّل، مرجع سابق، ص173.

92 – نفسه، ص175.

93 – العربي الذهبي، شعريات المُتخيَّل، مرجع سابق، ص179.

94 – «والمقصود به ما يخرج عن حدود ما نتخيله، وهو بذلك، ليس محايثاً له ولا يعتبر في نفس الآن خارجاً عنه ولا متعالياً. إنه الهامش غير المحدد أو المتميز وغير الخاضع لموضعة زمانية مكانية. لا يتم استدراكه إلا بإعادة توجيه القصد»، العربي الذهبي، شعريات المُتخيَّل، اقتراب ظاهراتي، مرجع سابق، ص159.

95 – العربي الذهبي، شعريات المُتخيَّل، اقتراب ظاهراتي، مرجع سابق، ص179 – 180.

المُتخيَّل الشعري رؤى وآفاق جديدة

1 – غاســتون باشـلار.. الصــورة الشـعرية وديناميات الخيال الشعري:

شكلت الأبحاث النظرية التي صاغها غاستون باشلار نقطة فارقة وحاسمة، استطاع من خلالها ولوج عالم النظرية الشعرية من بوابة الطرح الظاهراتي برؤية جديدة ونافذة تروم الكشف عما خفي خلف الظواهر، هذا الأخير الذي كانت انطلاقته في النظريات الرياضية والفيزيائية، فرصة لمساءلة ما يمكن أن يتيحه طرح آخر يعتمد على تتبع الظواهر، ويفتح المجال لظهور نتائج جديدة لم يستطع البحث الفلسفي الكلاسيكي، والنظريات العلمية والسيكولوجية مطاولتها، لذلك كان اختياره لهذا المستند النظري، إدراكاً حقيقياً لطبيعة البحث في مجال الشعرية المعقد والمتشابك، ووعياً عميقاً بما يكتنف الظاهرة الخيالية – باعتبارها نواة الشعرية ومركزها المحوري – من غموض، ولم يفُت باشلار أن يؤكد أهمية هذا الاختيار الإبستمولوجي المعتمد على فينومينولوجيا الخيال في كل محاولة تروم مقاربة فلسفية فعالة للصورة الشعرية، فالصورة الشعرية هي منطلقه الأول في إرساء نظريته حول الخيال الشعري، وإضاءتُها تحتاج في نظره إلى فينومينولوجيا الخيال بالدرجة الأولى. «إن الإضاءة الفلسفية لمشكل

الصورة الشعرية تحتاج إلى فينومينولوجيا الخيال، إذ إن الصورة تظهر في الوعي كإنتاج مباشر للقلب الروح»[1].

لقد حظيت الصورة الشعرية بعناية خاصة عند باشلار، واعتبرها التجلي المتلألئ لما يحصل في مملكة الخيال من حركية لامتناهية ولامحدودة، فدينامية الخيال الشعري في نظر باشلار، تنتج هذا الفيض اللامع من أقمار الصور التي بها تتحقق الشعرية في أعلى مقاماتها، لذلك فالتناول الفينومينولوجي هو الكفيل بتتبع هذه الحركية، ورصد درجات هذه الدينامية الفعالة التي تَسِم الفعل الخيالي بعيداً عن كل مقاربة جامدة ومحدودة الأفق، لا تعدو أن تجعل منه النقيض المقابل للفعل العقلاني المنطقي؛ فقد راهن في أبحاثه النظرية على مقاربة هذه الصور الشعرية برؤية جديدة لا تُسلِّم بمجرد كونها انعكاساً لما سبق تخزينه، بقدر ما تروم الكشف عن درجات تجذُّرها في عوالم الحلم. إنه رهان الصورة الحلمية التي تنبثق وتخلق عالماً غير العالم الذي نعيش، هذا الربط الإبستمولوجي بين الصورة/ الخيال/ الحلم، هو ما جعل باشلار يغوص في أعماق بعيدة، ويسائل عوالم هذه الصور التي لا يدري هل تخزنها ذاكرته، أم يتخيلها بما يتيحه الخيال من خلق جديد، يقول في هذا الصدد: «اخترت المقاربة الظاهراتية لكي أعالج وفق رؤية جديدة الصور المحبوبة والعالقة بقوة بذاكرتي والتي لا أعرف هل أتذكرها أم أتخيلها حين أجدها في أحلامي»[2].

1.1 – الصورة الشعرية.. الجِدَّة وأفق الإبداعية:

تأتي الرؤية الجديدة التي صـدر عنها باشلار في مقاربته

للصورة الشعرية، في أفق طموحه الكبير لكشف الطاقات الهائلة لمنبعها الذي تتفجر منه، وتنساب حركيتها من ديناميته الخارقة لكل الحدود، المُنشِئة لكل التفاعلات الخلاقة واللامحدودة، ومن ثمَّة فإن حديثه العميق عنها، هو بالدرجة الأولى مغامرة لامحدودة في هذا المجال الدينامي والخصب الذي يعيش فيه الخيال الشعري، وقد أسعفه التناول الظاهراتي في خوض المغامرة، وفي كشف ما خلف الظواهر من جواهر تحجبها الرؤية المباشرة، القائمة على الثنائيات المسكوكة والمعروفة، والمكتفية بما تقرره المباحث الفلسفية الكلاسيكية والعقلانية من تعارض لا غبار عليه بين الرؤية العقلانية واللاعقلانية، هذه المغامرة ستجعل باشلار يقف على التوازي بدل التعارض المفترض بين معرفتين عقلانية/ وعرفانية روحية، لذلك نجده في مقاربته للخيال الشعري يقف على البعد العميق والكبير للصورة الشعرية التي لن تنحصر أبداً في مجرد إنتاج عادي ومباشر، وإنما تتجاوز ذلك إلى كونها خلقاً جديداً يُنشِئه الخيال «يمكن أن تكون الصورة كل شيء، إلا أن تكون منتوجاً مباشراً للخيال»[3].

إن الصورة الشعرية بهذا المعنى حركة دؤوبة ومستمرة، ولنشأة جديدة لا تعيد نفسها، بل تكمن فاعليتها في جِدَّتها وقدرتها على الإدهاش والمفاجأة. وبذلك، يُضيء الطرح الظاهراتي لباشلار، أسرار هذه الدينامية التي تَسِمها، وتجعلها مستقلة قادرة على تجديد نفسها في كل تجلٍّ جمالي تحركه الدينامية الكبرى للفعل الخيالي، يقول: «للصورة الشعرية وجود خاص ودينامية خالصة من خلال جدتها وحيويتها، إنها تشير إلى أنطولوجيا مباشرة، وبهذه الأنطولوجيا سنشتغل»[4].

1.2 – الصورة الشعرية.. حركية اللغة وديناميتها:

إن تركيز باشلار على الصورة الشعرية، واعتبارها تجلياً واضحاً لاشتغال الفاعلية الخيالية، جعله يبحث عن خصائصها الجوهرية التي بها تكون، وبها تتحقق هذه الدينامية، فجِدَّتها وقدرتها على الإدهاش، هي ما يُعلي قيمتها ويجعلها مؤهلة لإثارة هذه الحركة اللامحدودة الكامنة في سيرورة الفعل الخيالي. وبذلك، نقف مع باشلار على جوهر الطرح الظاهراتي لديه، والذي بناه بالدرجة الأولى على هذه الدينامية التي لا تتوقف حركة دورانها، حيث يصبح الفعل الخيالي بموجبها فعلاً دينامياً حركياً جديداً لا يعرف التوقف، وبذلك سيصبح البناء اللغوي عنده تجلياً آخر لهذه الدينامية التي لا تتوقف، فاللغة باعتبارها الحامل الأساس لشبكة الصور اللامحدودة، ليست مُعطىً نهائياً موصوفاً ومحدداً تصلح صيغته المسكوكة لكل تشكيل صوري، بقدر ما هي انبثاق وتوالد مستمر، تقتضيه الطبيعة الحركية الدؤوبة، فـ«بفضل جِدَّتها تحدد الصورة الشعرية الحركية اللغوية، وتضعنا في مواجهة الكائن المتكلم»[5].

إن اللغة بهذا المعنى تنخرط في تجربة حياة جديدة ومتجددة، وتفتح في كل نشأة منافذ غير مسبوقة ولا مُعلنة، بل إنها في حالة كشف دائم لمستقبلها المجهول بفعل هذه الدينامية السحرية لعالم الصور «إن اللغة الشعرية في جدتها تحقق مستقبل اللغة»[6].

إن الطرح الفينومينولوجي الذي انطلق منه باشلار، يجعل الفعل الخيالي تجربة عيش جديدة ومتحولة لا تسكن ولا تركد بقدر ما تمتح روحها من ماء الدينامية والحركة. وبذلك، سيصبح للغة بما هي

منظومة صوتية ودلالية، روحاً حية تتأثر وتؤثر، وتحيا في كل انبثاق لغوي جديد حياة جديدة، وتستيقظ من خلالها عوالم الصور، بفضل دينامية الفعل الخيالي وحركية الصور الشعرية، وهذا ما يمنحها حرية لا تضاهى، إذ «يمكن أن يكون لبيت شعري كبير تأثير عميق على روح لغة ما، إنه يوقظ الصور الممحوة، وفي نفس الوقت يشهد على الكلام اللامتوقع، جعل الكلام لا متوقعاً، أليس تعليماً للحرية؟ (.....) الشعر يتمظهر إذن كظاهرة للحرية»[7].

1.3 – الصورة الشعرية.. الاستقلالية:

انطلق باشلار في اشتغاله على الخيال الشعري من الرؤية الفينومينولوجية للصورة الشعرية، فهي في تصوره مُعطى ذاتي، وتجلٍّ خالص لدينامية الخيال الشعري. وبذلك، يصبح ارتباطها بمعطيات خارجية مسبقة، أو بحدود زمنية سابقة وماضية أمراً دون جدوى، إنها تنبثق حين تنطفئ أخرى في حركة مستمرة «لا تخضع الصورة الشعرية لضغط ما، وليست صدى لماض ما على العكس من ذلك بانبثاقها لا يعرف الماضي إلى أي حد سننطفئ أصداؤه»[8].

إن الاستقلالية بهذا المعنى، تسمح للصورة ومن ثمَّة للفعل الخيالي، بخلق عالم خاص لا يرتبط ارتباطاً قسرياً بالمُعطى الخارجي، وبما كان موجوداً سلفاً، حين تشتغل الفاعلية في سياق التجاوز بدل الارتباط، والخلق بدل التكرار وإعادة الإنتاج، حيث يصبح الانفتاح على المستقبل أمراً مُغرياً وغير مشروط، إن «الخيال في حركته الحيوية يفصلنا عن الماضي والحاضر، ويفتح باب المستقبل»[9].

143

1.4 – الصورة الشعرية.. تعالق مشترك بين المؤلف والقارئ:

يقف باشلار في تصوره الفينومينولوجي للصورة الشعرية عند التعالق المتناغم بين وعي المؤلف ووعي القارئ، فالصورة في انبثاقها اللغوي الناجم عن الدينامية الفعالة لفعل الخيال، لا تعتبر تجربة عيش جديدة لمبدعها فقط، وإنما أيضاً لمتلقيها الذي ينخرط في ما تتيحه من تجربة واقع جديد قِوامه الجدَّة والدهشة والمفاجأة. وبذلك، يضع التصور الفينومينولوجي لباشلار المتلقي في حالة تماسّ جمالي مشترك، توقد جذوته هذه القدرة السحرية التي تمتلكها الصور في انبثاقها المدهش، وفي قدرتها على خلق عالم جديد جدير بخلخلة السائد لاقتراف المجهول، يقول: «تأخذنا القصيدة إلى عوالمها كلياً، ويعد امتلاكها للكائن الإنسان خصوصية فينومينولوجية»[10] .

إن الصورة الشعرية بهذا المعنى حالة تجلٍّ متجدد لا تعرف السكون، ولا تثبت على حال واحد، ومن ثمَّة فهي تتيح إمكانية تجربة حالات عيش جديدة بفعل الدينامية اللامحدودة لفعل الخيال الذي ينتجها، بل إنها تسمح بفعل خاصية الجدة والدهشة، بتحريك الطاقة الإبداعية لدى المبدع تماماً مثلما تستطيع النفاذ إلى روح القارئ ليعيش عالمها الجديد والساحر، «يمكن أن نلمس بفضل تأثير صورة شعرية واحدة هذا الانبثاق الإبداعي الشعري في روح القارئ أيضاً»[11] .

تتمظهر الصورة الشعرية إذن في تصور باشلار باعتبارها معطى خيالياً شعرياً له من الطاقة ما يضمن استقلاليته، وقدرته على إقامة خط التلاقي الإبداعي لدى المبدع والقارئ، حيث يتحول التلقي إلى

إبداع جديد تتيحه جدة الصور، وقدرتها على الخلق والمفاجأة، إننا «بتلقي صورة شعرية جديدة، ندرك قيمتها الذاتية المتداخلة، نعرف أننا سنعيدها للتواصل مع ذواتنا»[12].

1.5 – الصورة الشعرية والحلم:

في مقاربته الظاهراتية للخيال، يقف باشلار على محورية الصورة الشعرية وأهميتها في كشف هذه الدينامية الفعالة للفعل الخيالي، إنها في تصوره تجسيد حي لهذه الحركة الدؤوبة اللامتناهية، والتي ينبثق عنها عالم جديد مدهش وساحر، يتيح للمبدع والمتلقي على السواء، إمكانية عيش تجربة جديدة وخلق عالم غير الراهن، ولم يفُت باشلار أن يَخصَّ الحلم بمكانة مهمة، جعلت منه مجالاً خصباً لإنتاج الصور الشعرية وخلق عوالمها المدهشة. وبذلك، سعى التصور الفينومينولوجي لباشلار إلى إضاءة هذا التعالق الجذري بين الحلم والصورة، بشكل يفسح المجال لكشوفات معرفية جديدة كشفت النقاب عن علاقات جديدة وممكنة بين المعرفة العلمية والمعرفة الخيالية. إن الحلم الشّعري في نظره امتداد لحيوات جديدة يعيشها الحالم في حالات الإبداع والتلقي على السواء، يقول باشلار: «نرى أن بعض الأحلام الشعرية يمكن أن تكون فرضيات عيش تعمل على توسيع حياتنا حين تجعلنا واثقين في العالم»[13].

لقد ميز باشلار في إطار كشفه لهذا التناغم بين المعرفتين، بين الحلم الليلي والحلم النهاري، واعتبر هذا الأخير منبع الصور الذي لا ينضب، من خلال ما يتيحه عالمه الثري من إمكانات شعرية

لامحدودة، ومن خلال قدرته على الانفتاح على عالم الروح وعلى ما ينشده في حالته الحلمية من سكينة وتمرد على الزمن وعلى الواقع، فـ«الأحلام الكونية تبعدنا عن أحلام المشاريع، إنها تموقعنا في العالم وليس في المجتمع، إن الأحلام الكونية تحقق نوعاً من الاستقرار والسكينة، وتعيننا على الانفلات من الزمن»[14].

هكذا، يلح باشلار على هذا الارتباط الجذري والعميق بين الصورة الشعرية والحلم (النهاري)، ويعزو إليه انبثاق عالم لامتناهٍ من الصور مادته الأساس ما يُفضِي به هذا الحلم من أسرار، وما يتيحه من إمكانات هائلة تفتح بوابات الروح وتمتح منها ما لا يُعَد ولا يحصى من التجليات الصورية، إن «أحلام اليقظة تجعلنا في حالة الروح الناشئ، ومن خلال دراستنا المتواضعة للصور البسيطة، يبدو طموحنا الفلسفي كبيراً، نسعى من خلاله إلى التأكيد على أن أحلام اليقظة تمدنا بعالم الروح، حيث تكون الصورة الشعرية شاهداً على هذه الروح التي تكتشف عالمها، عالمها الذي تريد أن تحيا فيه، وتستحق أن تحيا فيه»[15].

يبدو أن الصورة الحلمية كما أوضحها باشلار، هي نواة الفعل الشعري الخيالي، وهي التجلي الحر لدينامية الخيال، وبهذا يرتقي باشلار من خلال تصوره الفينومينولوجي، بقيمة الفعل الخيالي إلى درجات عالية تجعل منه قوة عظيمة من شأنها أن تفتح آفاقاً لامحدودة، وتشيد عوالم لامتناهية من الصور، وتسمح بتجريب حيوات عديدة ومتجددة، إذ تصبح الرؤى التي تختزل طاقة الخيال، وتحط من شأنه بدون معنى في نظره، أمام قدرة هذه الطاقة الذهنية الهائلة

في توليد المعنى، وفي فتح مَغالق الأشياء على اللامنتهى، يقول في هذا السياق: «نقترح على العكس من ذلك اعتبار الخيال قدرة عالية للطبيعة الإنسانية، إن الخيال هو الطاقة المنتجة للصور»[16].

إن الطرح الفينومينولوجي الذي انطلق منه باشلار في مقاربته للظاهرة الخيالية، وفي تتبعه لشبكة الصور التي تنبثق عن دينامية الفعل الخيالي، له من العمق ما جعله يخترق حدود الظاهرة ويستكنه طرائق اشتغالها برؤية علمية نفاذة، استطاعت أن تكشف النقاب عما خفي من طاقات الخيال الهائلة، وعن قيمته العليا التي تعرج به بعيداً عن الرؤى المختزِلة التي تقيد مجال اشتغاله وتنقص من دوره المعرفي؛ فقد ارتكزت نظريته المعرفية على إقامة جسر للتواصل بين العلم والشعر، حيث يصبح للخيال ــ مادة الشعر الرئيسة ــ دور بنائي فاعل لا يقل قيمة عما ينتجه النظر العقلي والمنطقي. وبذلك، يعيد باشلار بناء العلاقة بين ثنائية العلمي والخيالي على أساس التوازي والتناغم بدل التقابل والتعارض، مما سيدفع بمسار البحث في الظاهرة الخيالية إلى آفاق جديدة تفتح الباب على كشف معرفي وإبستمولوجي سيكون له كبير الأثر في المباحث اللاحقة، حيث ستمثل أنثروبولوجيا المُتخيَّل مع جيلبير دوران، وشعرية المُتخيَّل مع جون بورغوس، امتداداً واضحاً وعميقاً لما أرسته تصورات باشلار التي هيأت المجال لردِّ الاعتبار للخيالي والشعري في بناء المعرفة، فـ«اللحظة الإبستمولوجية» المُسماة «ما بعد باشلار»، لحظة تثمن من شأن الاستكشاف وإعادة الاعتبار للروح والعرفان كما تلتحم بطموح الرومانسية الألمانية إلى بناء «فلسفة طبيعية» naturphilosophie

حيث تتساوى القيمة الإبستمولوجية للمعرفة «العقلانية» و«المعرفة الخيالية»[17].

2 - جيلبير دوران ونظرية المسار الأنثروبولوجي:

من الطبيعي أن يرتاد مسار البحث في المُتخيَّل، آفاقاً جديدة ورحبة لم تكن لتنكشف منافذ ضوئها لولا الجهود الحثيثة التي بذلتها الأبحاث والدراسات النظرية السابقة، لذلك سيشكل مشروع جيلبير دوران في بناء أنثروبولوجيا المُتخيَّل، منعطفاً حاسماً في تاريخ البحث النظري في الظاهرة الخيالية، لا سيما أنه استفاد بشكل إيجابي من الحقل النظري العام الذي هيأته مختلف المرجعيات والتصورات النظرية التي سبقته، من خلال النموذج الرومانسي والصوفي والفينومينولوجي، ومن خلال الكشف الإبستمولوجي الجديد الذي أضاءته مباحث باشلار في تناولها للظاهرة الخيالية، وفي إعادة بنائها لمفهوم العلاقة بين الخيالي والعلمي، ولطبيعة النظرة الدونية التي حقَّرت الخيال، وجعلته في الطرف النقيض للعقلي والعلمي.

هكذا سينطلق دوران من هذا الإطار المرجعي المتعدد والمتنوع المشارب، ليبني صرح مشروعه الأنثروبولوجي، وليجعل نظريته حول المُتخيَّل تكتسب عمقها وثراءها المعرفيين، بتجاوزه الأفق الضيق لثنائية الخيالي والواقعي، وللحدود الصارمة التي يفرضها النظر العقلي، وبانخراطه الحقيقي في مساءلة الظاهرة الخيالية وتتبع مسارها المعقد والمتشابك والضارب في عمق الوجود الإنساني، وكشف ما تخفيه مملكة الصور من أسرار يشترك فيها النوع البشري،

فالرموز والأساطير والطقوس والأشعار وغيرها مما تنتجه دينامية الخيال، من شأنها أن تعيد بناء علاقة الإنسان بالعالم وتفك مغالقها، «المهم أن جيلبير ديران مستفيداً في ذلك من أعمال باشلار ويونغ وإلياد وكوربان، وكذا من التحليل النفسي والأنثروبولوجيا الثقافية... إلخ، يؤكد على أن هذه المباحث تثبت أن الإنسان منذ بداياته الأولى كانت له الرغبات نفسها، والبنيات الشعورية نفسها، ونفس الصور التي تنعكس على الزمان والمكان. غير أن التدخل العقلاني، في تعبيراته الصارمة، أحدث تحوّلاً كبيراً في رؤية الإنسان لذاته وللآخر ولعلاقته بالطبيعة والعالم، وكذا في ممارسته لرموزه وصوره»[18].

لقد بنى دوران نسقه النظري على رؤية شمولية كونية، تَحيد عن النظرة الأحادية التي تنسب الحقائق للعلم والنظر العقلي دون سواهما من مشارب الانعطاء لمفهوم الحقيقة. وبذلك، كان بحثه عن هذه المنابع التي تتفجر منها المعرفة، والتي ظلت خفية أو منبوذة من طرف النظر العقلاني، بحثاً عميقاً في الوجود الإنساني، وأشكال علاقات الإنسان المفترضة بذاته وبالكون، ويعتبر هذا التعدد النظري المرجعي الذي استند إليه، دليلاً واضحاً على رغبته الحثيثة في التنصُّل من كل نظرة معيارية تحدَّدت مسالكها سلفاً في المنهج العقلاني المنطقي، الذي يعتبر ما سواه من المسالك جهلاً ووهماً. وبذلك، يمكن القول إن تصور دوران الإبستمولوجي، تمرُّد مشروع على العقلانية الغربية التي اعتبرت نفسها الحقيقة الكبرى، والمعيار الأول المسؤول عن محاكمة المعارف، وتصنيفها ضمن سلم القبول والرفض، وضمن ما تقتضيه الثنائيات التي فرضها النظر العقلاني،

تلك التي لن تجد عند دوران مكانها؛ لأن الأمور في نظره مبنية على التوازي بدل التعارض المألوف، وهذا يشِي بالطابع الانزياحي للتصور النظري الذي سيتبناه دوران في مساءلته للظاهرة الخيالية. «إن «فلسفة الخيال» عند ديران هي دعوة لقلب المعاني التي تأسست عليها الثقافة الغربية، وتفكيك فعلي لمكونات الهوية، ونداء للاعتراف باختلافات الآخرين والإنصات إلى إبداعاتهم واستقبال صورهم. أي إن هذا المفكر يقول بخلق تبادل عالمي متكافئ على الصعيد الرمزي. لأن هذا الصعيد هو وحده الذي يسمح باللقاء والتفاهم والاعتراف. ولأنه وحده ينشد الحياة والفنّ والأمل ويقصي الموت واليأس»[19].

لا يخضع انبناء المعرفة، في نظر دوران، لثنائيات التعارض التي أقرها النظر العقلاني. وبذلك، كان اشتغاله على تعددية المنابع التي تنهل منها امتدادا لطروحات باشلار، إذ اعتبرها لحظة إبستمولوجية فارقة، هيأت المناخ لتفاعل مختلف المكوّنات في بناء الصرح المعرفي. وبذلك، يفقد النظر العقلي المعتمَد في الرؤى النظرية السابقة طابعه الكلِّي، وسِمته المهيمنة ليصبح جزءاً من نسق متشابك ومعقد من المكونات الأخرى، التي يتم بتفاعلها هذا الانبناء. وبذلك، أضحَى التعالق المتبادل بين محوري العلم والشعر، ضرورة معرفية وإبستمولوجية تقتضيها طبيعة المعرفة، كما أضحَت النظرة الأحادية القائمة على تقديم أحدهما على الآخر في سلم الدرجات أمراً دون قيمة، «وهكذا نشعر أكثر من أي وقت مضى أن علماً دون شعور أي دون تأكيد أسطوري «لأمل» إنساني سيسِم الانهيار النهائي لحضاراتنا»[20].

150

هكذا يقف العلم إلى جانب الشعر، وتتحالف مملكة العقل مع مملكة الخيال، في تناغم فعال وذي جدوى تحتاجه المعرفة بالضرورة لبلوغ سقفها المنشود، وبفضل هذا التناغم الفعال، استطاع الطرح النظري لدوران تجاوز النظرة الاختزالية، لأجل إرساء علم للخيالي من شأنه أن يضيء عتمات ظلت قصية عن النظر العقلي الجاف، فـ«العقل والعلم لا يربطان الناس إلا بالأشياء، ولكن ما يربط الناس فيما بينهم، وعلى المستوى المتواضع من السعادة والهموم اليومية للجنس البشري، هو هذا التصور العاطفي، ذلك لأنه معاش وتبنيه مملكة الصور»[21].

2.1 – الصورة بين الرمزية والدلائلية:

انطلق جيلبير دوران، في بناء مشروعه النظري حول المُتخيَّل، من تصور خاص حول الصورة باعتبارها نتيجة للتفاعلات الحاصلة في المعمل الخيالي؛ تصورٌ ينسجم مع دينامية الفعل الخيالي، وحركيته الدائمة التي لا تخضع لأي إجراء تصنيفي مسبق. وبذلك، ستنطبق هذه الدينامية عليها بشكل يُنبِئ عن خاصيتها المنفلتة من كل تحديد، والمهيأة للانخراط في شبكة توليدية دلالية لا تتوقف، لذلك يقف دوران عند هذا الاختلاف الجوهري بين الدلالة الرمزية والمعنى الدلائلي، ويضع الصورة بعيداً عن علاقة الاعتباطية التي يقتضيها الدال والمدلول في اللغة، لأنها تحمل دلالتها في ذاتها «إن المعنى المضاد للمعنى الحقيقي، أي المعنى المجازي، لا يمكن إذن أن يكون إلا معنى قذراً. لكن من الأهمية بمكان أن نلاحظ في اللغة

151

أنه إذا كان اختيار الدال لا معنى له؛ لأن هذا الأخير اعتباطي، فالأمر ليس أبداً كذلك في ميدان التخيل، حيث الصورة ـ مهما كانت منحطة ـ هي في حد ذاتها حاملة لمعنى لا يجب البحث عنه خارج الدلالة المُتخيَّلة. ففي آخر المطاف، المعنى المجازي هو وحده حامل للدلالة، بينما يظل ما يسمى بالمعنى الحقيقي حالة خاصة ومثيراً للشفقة داخل التيار الدلالي الذي يستنزف المعاني الاشتقاقية»[22].

يؤكد التصور الذي يعتمده دوران على دلالية الصورة، إذ من غير الطبيعي في نظره أن تكون مجرد إشارة اصطلاحية تخضع لعلاقة الاعتباطية، ومجرد دالٌّ لغوي محصور المدلول، إنها خلافاً لذلك حالة دلالية دينامية سِمتُها التحوُّل والتجدُّد المستمرين بناء على أشكال التفاعل المفترضة بينها وبين المحيط. وبذلك، ترتقي الصورة في هذا النسق النظري إلى مقامات أكثر عمقاً من شأنها أن تلامس المشترك الإنساني، وأن تكشف الطابع الكوني لما وَقَرَ في المُتخيَّل الإنساني، حيث يصبح النظر إلى الصورة باعتبارها رمزاً، بوابة حقيقية لتوليد الدلالة ولتتبع مسارات المُتخيَّل اللامحدودة. «إن التماثلية L’analogon التي تميز الصورة ليست علامة يتم اختيارها بشكل اعتباطي، بل إنها تحمل دائماً في ذاتها قصدية ما، أي إنها تشكل دائماً رمزاً. يمكن القول في آخر المطاف، إنه بسبب إهمالها تعريف الصورة كرمز أدت النظريات السابقة إلى تبخر الأثر الفعال للمُتخيَّل»[23].

لقد حظي الرمز عند دوران بوظيفة طلائعية لا تتيحها العلاقة المباشرة والاعتباطية التي أقرتها الدراسات اللسانية والسيميولوجية

بين الدال والمدلول، هذا الحد الرمزي للصورة هو ما يعكس ديناميتها، وقابليتها للتوليد الدلالي الحرّ المتناغم مع دينامية الخيال التي أنتجتها، ومع حركية الإنسان، بحيث تصبح إحالتها المرجعية والاتفاقية إلى ما تم تحديده والاتفاق عليه سلفاً، أمراً دون معنى أمام هذا التناسل اللامحدود للدلالة، والمُهيَّأ بشكل طبيعي للتحول. إنها حركة دائمة ضد السكون الذي يفرضه النظام اللغوي المباشر والجاف، وسيرورة دلالية، لا خطّاً دلائلياً محدداً. «لقد انتبه بعض علماء النفس إلى شيء أساسي هو أنه في الرمز الذي يشكل الصورة ثمة انسجام للدال والمدلول في قلب دينامية تنظيمية، وأنه من ثمة تختلف الصورة كلياً عن اعتباطية العلامة»[24].

فضلاً عن تجاوزه للحدود التي تفرضها العلاقات الاعتباطية والخطية بين الدال والمدلول في المباحث اللسانية، يدعو دوران إلى ضرورة التحرر من الحدود التي يثيرها التحليل النفسي، ويختزل من خلالها الصورة في مجرد انعكاس لأصلها الليبيدي. وبذلك، تفتقد كل طاقاتها الهائلة التي تفتحها على آفاق الدلالة اللامحدودة، وتصبح مجرد دليل للمكبوت فحسب، ونتيجة لهذا الصراع بين الدوافع الذاتية والإكراه الاجتماعي «إن الخيال حسب المختصين في التحليل النفسي هو نتيجة الصراع بين الرغبات النفسية ومكبوتاتها الاجتماعية، بينما يظهر على العكس في غالب الأحيان، في اندفاعه، كنتيجة وفاق بين الرغبات وأغراض الحالة الاجتماعية والطبيعية (..) إن الصور لا تقدَّر من خلال الجذور الشهوانية التي تخفيها، بل من خلال الزهور الشعرية والأسطورية التي تكشف عنها»[25].

لقد كان اهتمام دوران بالحد الرمزي للصورة، إضاءة معرفية ساطعة تروم كشف ما تخفيه الأبنية اللغوية، وما تستُره العتمات الأكثر عمقا في الإنسان، حيث يصبح الرمز المُتخيَّل ـ بما هو تجسيد للفعل الخيالي المتجدد ـ سبيلاً للتعبير عما لم تستطعه اللغة بطابعها الدلائلي القائم على علاقات الاعتباطية والخطِّية، ووجهاً من أوجه الترابط النفسي والعاطفي بين طرفي الخطاب «إن المستوى البدائي للتعبير الذي يشكل الرمزُ الخيالي وجهه البسيكولوجي هو الرابط العاطفي ـ التمثيلي الذي يربط المتكلم بالمُخاطَب»⁽²⁶⁾.

هذه الآفاق اللامحدودة التي تفتحها الصورة باعتبارها وحدة بنائية أولية للخيال، وباعتبارها اشتغالاً دينامياً للقيمة الرمزية، تفتح مجال البحث في المُتخيَّل على منافذ أكثر رحابة، وتضع اليد على هذا التَّعدد القيمي الذي تنخرط فيه الدلالة، بعيداً عن كل تفسير خطّي مغلق لا يدرك ما يتيحه مجال المُتخيَّل من إمكانات هائلة «في المرحلة الراهنة، لا نهتم سوى بالمناهج، ونتساءل عن الطريقة التي تمكننا من الإفلات من عقم الشرح الخطي دون أن نسقط ـ وهو ما قد يشكل خطأ جسيماً ـ في الاندفاعات الحدسية للخيال»⁽²⁷⁾.

وبذلك، يراهن دوران من خلال أنثروبولوجيا المُتخيَّل، على الغوص بعيداً في عمق الظاهرة الخيالية للقبض على تجليات المشترك الإنساني الذي تُبنيُنه شبكات الصور، ولتتبع مسار الأنظمة الكبرى للخيال، وآليات اشتغالها في سياق هذا التَّعالق المشروع بين الشرط الطبيعي للإنسان، وشرطه الثقافي والرمزي، بما من شأنه أن يُضيء البعد الكوني للظاهرة الخيالية، «لذلك يجب أن ننطلق عن عمد مما

نسميه المسافة الأنثروبولوجية، أي التبادل المستمر الذي يوجد على مستوى الخيال بين الرغبات الذاتية والإدماجية من جهة والإثارات الموضوعية المنبثقة من الوسط الكونية والاجتماعية»[28].

2.2 – الصورة.. الترسيمات والأنماط الجامعة:

يعتبر دوران الصورة مجالاً حيوياً تنتظم حركته وديناميته عبر ما سماه بـ«الترسيمة» schème، حيث يشكل هذا المفهوم الذي تعود أصوله إلى كانط، مجالاً لتكتُّل مجموع الصور، وفضاءً لشحذ ديناميتها، فهو المنطلق الجامع الذي تنبت فيه أنويتها، وتنتظم من خلاله حركتها الرمزية، وهو الإطـار الشامل والعام الذي ينظِّم سيرورتها، ويحرك طاقتها. وبذلك، تكتسي الصورة خِصّيصتها الجزئية في انتمائها إلى هذا الفضاء الشامل والمهيمن الذي يؤطرها، ويبدو هذا الاختيار المفاهيمي عند دوران، متناغماً مع التصور العام الذي بَنى عليه نظرية المسار الأنثروبولوجي، حيث تنخرط كل مؤثثات الخيال، وتجلياته الصورية في سيرورة دينامية تُعيد تشكيل نفسها في كل لحظة، إذ «الترسيمة نعميم دينامي وعاطفي للصورة. فهي تشكل الصيغة الانتقالية وليس الجوهرية العامة للمُتخيَّل. إنها حلقة وصل، ليس ما بين الصورة والمفهوم كما يريده كانط، بل بين الحركات اللاواعية لما هو حسي ـ حركي، وبين ردود الأفعال التلقائية المهيمِنة من جهة وتمثلاتها من جهة ثانية. إن هذه الترسيمات هي التي تشكل الهيكل الدينامي والنموذج الوظيفي للخيال»[29].

إن حرص دوران على القبض على الطبيعة الشمولية والكونية

لاشتغال الفعل الخيالي، جعل تصوُّره النظري يهتدي إلى البُنى الكلية والشاملة التي تؤطر هذه الحركية الدائمة والمتجددة، لذلك يمكن القول إن الترسيمات – بما هي مجال حيوي يُوجه مسار مجموع الصور التي تجتمع في نواته – تحدِّد بشكل مادي ما سمَّاه (بالنمط الجامع) فـ«الحركات المختلفة للترسيمات تعمل من خلال تفاعلها مع المحيط الطبيعي والاجتماعي على تحديد النماذج الأصلية (الأنماط الجامعة) archétypes»[30].

إن النمط الجامع عند دوران بمثابة مُولِّد أصلي تتفرع عنه مختلف الصور والرموز، رغم اختلافها وتنوُّع فروعها وأشكال تجليها، إنه العجينة الخام التي تتشكل منها كل الرموز والصور، وتعود رغم أنسابها المختلفة لتتأطر ضمن نمط من الأنماط اللامحدودة التي يقترحها، وهو الأصل الذي تتفرع منه كل عناقيدها، وهذا يُحِيل إلى الأهمية البالغة التي يكتسيها النمط الجامع في نظرية المسار الأنثروبولوجي، بما له من قدرة على تجميع هذه الفروع وتصنيفها رغم شبكتها العلائقية المُعقَّدة ضمن إطار نموذجي من أهم سماته قابليته للتمدد والتوسع، رغم طابعه التصنيفي الشامل، «وعليه، نشير بدورنا إلى الأهمية القصوى للنماذج الأصلية (الأنماط الجامعة) التي تشكل حلقة وصل بين المُتخيَّل وعمليات الصيرورة العقلانية»[31].

هذا النمط الجامع الذي يُخضع دوران لنسقيته الشاملة، حركةَ الصور ودينامية البنى الرمزية، له جـذوره في التحليل النفسي الأعماقي لدى يونغ من خلال ما سماه بـ«الصورة الأولية»، لقد أبرز يونغ بشكل كبير طبيعة المسافة الأنثروبولوجية للنماذج الأصلية

عندما كتب: «إن الصورة الأساسية يجب أن تكون بالضرورة في علاقة مع بعض التحولات الملحوظة للطبيعة التي تتناسل باستمرار وتظل دوماً فاعلة. لكن من جهة أخرى ليس ثمة شك في أن هذه الصورة الأساسية لها علاقة أيضاً ببعض الشروط الداخلية للحياة الذهنية وللحياة بشكل عام»[32].

تمثل الصورة الأولية إذن، من خلال علاقتها بالطبيعة وبالشروط الداخلية، المرجع الأساس لما وَقرَ في الداخل من أثر نفسي تتعلق به مختلف التجارب المماثلة، وفضلاً عن طابعه الشمولي والنسقي الجامع لمختلف الفروع التي تنبثق عن دينامية الصور، والبُنى الرمزية، يختلف النمط الجامع عن الرمز البسيط، إذ «إن ما يميز النموذج الأصلي (النمط الجامع) بالتحديد عن الرمز هو بشكل عام افتقاده إلى الازدواجية وكونيته الثابتة وملاءمته للصيغة التركيبية»[33].

لقد أقر دوران أن «هناك استقراراً كبيراً للنمط الجامع»[34]، فهو الوِعاء النمطي الذي تنسكب فيه أنهار الصور، لكنه رغم ذلك مرنٌ ومُتمدِّد بالقدر الذي يتسع لشبكات الصور المتوالدة والمتجددة في كل لحظة، وبالقدر الذي يجعله مركز جذب لكل المتنافرات والتناقضات الممكنة. إنها الدينامية الناظمة لمسار الصور ولمسار المُتخيَّل بشكل عام.

2.3 – المهيمنـــات الأنثروبولوجيـــة وتمثيلاتها الرمزية لدى الإنسان:

تكتسي نظرية المسار الأنثروبولوجي لدوران قيمتها وثراءها

المعرفيين من حرص هذا الأخير على مطاولة البُعد الشمولي والكوني في مقاربته للظواهر، وعلى رفضه لكل الرؤى الأحادية والجزئية التي تعتمد منطق الاختزال، وتفتقر إلى القدرة على الإحاطة بمختلف الزوايا الممكنة. وبذلك، سيكون اشتغاله على الظاهرة الخيالية محطة لالتقاء مختلف الرؤى المرجعية والنظرية، ولمَّا كان المُتخيَّل في طرحه النظري مجالاً لسيرورات متشابكة، ولأشكال علائقية لامحدودة تشتغل بشكل دينامي حركي لا يعرف السكون، فإن الانفتاح على كل ما تتيحه المباحث المعرفية، أصبح في مقاربته أمراً ضرورياً ومطلوباً. وبذلك، لم يكن ليعتمد منطق النفي والاختزال والنظر الأحادي، بقدر ما راهن على عقد صِلاتٍ حية ودينامية بين مختلف مناهج البحث التي من شأنها أن تستجيب للطبيعة التكوينية الدينامية للخيال، ولتوقف مقاربته على رؤية شمولية محيطة جامعة، وسيعقد دوران وشائج التفاعل والصِّلات بين البيولوجيا، والفيزياء النظرية، والتحليل النفسي الأعماقي، والنظريات اللغوية والشعرية وغيرها من المنابع التي تلتقي رغم اختلافاتها وتنافراتها الشائعة، ولمَّا كان مجال المُتخيَّل نقطة وصلٍ بين الممكن والمحتمل من أشكال التنافر والتعارض، فإن العدَّة المنهجية والنظرية لمطاولة سقفه المتحرك، تستدعي هذا التفاعل. إننا أمام دَوَرانٍ طبيعي لهذا الكوكب الخيالي المتحرِّك بحركة الإنسان، وعلاقاته مع الذات والكون، وكل من يروم ملاحقته مدعوٌّ لأن يسبَحَ في فلكه بالضرورة.

يرى دوران أن التمثيلات الرمزية التي تكون شبكات الصور، تؤطرها أيضاً حركات الجسد والعوامل البيولوجية التي ترتبط بآليات

اشتغال المراكز العصبية، وهنا يفيد دوران ــ تبعاً لتنوع منابعه المعرفية ــ من علم الأفعال الانعكاسية، حيث يعتبر أن هذه الأفعال لها تأثيرها العميق، وارتباطها الجذري بمختلف التمثيلات الرمزية لدى الإنسان، وهو بذلك يُحِيل إلى هذا التعالق الطبيعي بين المكوّن البيولوجي وتجلياته الحسِّية والحركية، والمكوّن الثقافي الذي تشتغل من خلاله شبكات الرموز والصور، واعتمد دوران لكشف هذا التعالق على مفهوم «الحركة المهيمنة» بما هو نسق جامع لمختلف الأفعال الانعكاسية الحسِّية ــ الحركية، المسؤولة عن توجيه مختلف التمثيلات الرمزية الممكنة «إن ردود الأفعال التلقائية المهيمنة بالذات، التي اضطر فيدينسكي Vedenski ومن بعده بيتشيريف Betcherev ومدرسته إلى دراستها بشكل منتظم ليست شيئاً آخر غير المكونات الحسية ـ الحركية الأكثر بدائية التي تشكل أنظمة التسويات الأكثر أصالة في تطور الكائن البشري والتي يجب ــ حسب نظرية بياجي ـ أن يستند إليها كل تمثل ذي جهد أدنى في عمليات الاستيعاب التكوينية للرمزية»[35].

بصنف دوران المهيمنات الأنثروبولوجية التي ترتبط بطبيعة اشتغالها التمثيلات الرمزية الشاملة لدى الإنسان إلى ما يلي:

* مهيمنة الوضع: dominante de position:

يربط دوران بين ما تشكّله هذه المُهيمِنة بالنسبة لإدراك الطفل المولود، وما ينجم عن تركيز ذلك في تمثيلاته الرمزية اللاحقة، دون أن يعمل على إسقاط ما يحدث فيزيولوجياً وجسدياً على المستوى

الرمزي بشكل حسابي دقيق، إذ إن الذي يحظى باهتمام دوران في هذا التعالق، هو مستوى الإدراك الذي يتم عند الطفل لحالة الوضع حين يتم جعل جسده في وضع عمودي، سواء كانت فيزيائياً أو حدسياً دون الاهتمام بالإدراك الدقيق والرياضي للوضع العمودي في حدِّ ذاته. وبذلك، يحدث التركيز عنده على إثر فكرة الوضع دون أبعادها الرياضية والجيوميترية «لا يهم أن تكون ذات اتجاه عمودي «فيزيائي» وحدسي يدرك أكثر مما هو فكرة واضحة لهذه العمودية الرياضية. ما يدخل في اللعبة هو مجاز العمودية أكثر من الخصوصيات الهندسية» [36].

* مـهيمنة الغذاء: dominante digestive de Nutrition:

تتمظهر هذه المُهيمِنة لدى الطفل الوليد في ردود أفعال المصِّ الفمي، وفي حركات الرأس، حيث تحدث نتيجة مؤثرات خارجية، أو نتيجة الإحساس بالجوع، وترتبط بهذه المهيمنة وبالتي قبلها أيضاً، ردود فعل أخرى سمعية بصرية «تضاف هاتان الخاصيتان المهيمنتان إلى ردود ذات طبيعة سمعية بصرية يدرسها بيتشيريف، إذ استطاع هذان العضوان الحسيان أن يصبحا مهيمنين، اشتراطاً، ليس أقل أهمية القول، كما لاحظ ذلك كوستليف، بأن التغذية والوضع هي ردود فعل فطرية ذات طابع مهيمن» [37].

وبهذا يسند دوران للمُهيمِنة دوراً قيادياً، يحكم مجموع ما يحدث على مستوى الأفعال الانعكاسية، ويربط بشكل بنيوي منظَّم هذه الصِّلة بين المستوى الحركي والحسي، ومن ثمَّة ما يحدث على

المستوى الأبعد من خلال التمثيل الرمزي، فـ«الخاصية المهيمنة تتحرك دائماً بنوع من السلطوية، ويمكن اعتبارها كمبدأ منظم، كبنية حسية ـ حركية»[38].

* المهيمنة التناسلية :dominante copulatif

ترتبط هذه المُهيمِنة بمجموع الدوافع الداخلية الهرمونية، حيث درسها أوفلاند على الضفادع فقط، وحاول دوران بحث إمكانية فهم تمظهراتها على الإنسان أيضاً، كما اعتبر إلى جانب بيتشيريف أن الفعل الجنسي التناسلي يشكل في حد ذاته «مُهيمِنة»، إذ تشكل هذه المهيمنة مُحرِّكاً أساساً للطبيعة الدورية، وما يسجله دوران من خلال هذه المتابعة هو الخاصية الإيقاعية للفعل الجنسي، ومن ثمَّة تنسحب هذه الخِصِّيصة على طبيعة اشتغال المُهيمِنة، وعلى كل ما ينجم عن هذا التناغم المفترض بينها وبين التمثيلات الرمزية، «لكن خصوصاً ما هو قيم، باعتبار أن المحركات الهرمونية للتزاوج تتبع الدورة، وبأن العملية الجنسية في حد ذاتها تتبعها عند الفقاريات العليا حركات إيقاعية وعند بعض الأصناف، نسبقها رقصات زواجية. نخلص إلى أن العملية الجنسية تحدث في شكل إيقاعي»[39].

حاول دوران من خلال تركيزه على هذه المهيمنات الثلاث الكبرى، الربط بين المكون الطبيعي الذي تحدد الأفعال الانعكاسية البسيطة مؤشراته وتجلياته، وبين المكون الثقافي الرمزي الذي يستدعي تفاعلاً عفوياً بين هذه الحركات في تمثُّلها البسيط، وبين أفعال أخرى أكثر تشابكاً وترابطاً، بشكل يصبح معه هذا التفاعل عامل تحريك عميق

لنمو الرموز الكبرى، وتَشكُّلِ عناقيدها وشبكاتها، إذ «يمكننا القول إننا نقبل الخاصيات الثلاث المهيمنة للفعل المنعكس، «سلسلات وسيطة بين الأفعال المنعكسة البسيطة المجمعة»، باعتبارها حركات حسية ـ حركية التي ستندمج بداخلها التمثلات بشكل طبيعي، وبالأرجح عندما تأتي الرسومات البيانية الإدراكية لتؤطر وتتشابه مع الرسومات البيانية المحركة الأولى، وإذا ما كانت الخاصيات الوضعية المهيمنة، متوافقة إيجابياً أو إيقاعياً مع بعض المعطيات الإدراكية. فعلى هذا المستوى تحديداً تتكون الرموز الكبرى عن طريق محفز مزدوج الذي سينتهي بإعطائهما طابعاً لزومياً متميزاً يجد تفسيره في عدة أسباب»[40].

لهذه الحركات المهيمنة في تصور دوران، قدرتها اللامحدودة واللامرئية على توجيه الفعل الخيالي، وعلى تشكيل بنيات التمثيلات الرمزية. وبذلك، ترتبط كل العناصر ببعضها في دينامية خاصة، يلتقي فيها الفيزيولوجي بالنفسي، والسوسيولوجي باللغوي، وتتناغم مع محورية التصور الذي ينطلق منه دوران، والمرتبط بثراء المُتخيَّل وبتعدد المنابع التي ينهل منها مساره الأنثروبولوجي، الذي يروم استخراج التصورات الكبرى، والرسوم الخيالية المتشابكة واللامحدودة، وهذا سيدعوه إلى تتبع أنظمة المُتخيَّل، وبحث إمكاناتها الهائلة في احتواء عوالمه الصورية والرمزية المتشابكة.

2.4 ـ أنظمة المُتخيَّل وأشكال اشتغالها:

ينبني تصور جيلبير دوران في بناء أنثروبولوجيا المُتخيَّل، على البعد الشمولي والكوني في المقاربة، لذلك كان الغرض من تركيزه

على الصورة – باعتبارها وحدة بنائية أولية للخيال – تتبع الأنظمة الشاملة التي تؤطر اشتغالها وتحتوي آليات تشكل عناقيدها، بشكل تصبح معه هذه الأنظمة العامة والترسيمات والأنماط الجامعة، فضاءً إجرائياً له من السِّعة والرحابة ما يمكنه من تصنيف شبكات الصور، وملامسة سقف أبنيتها الرمزية العامة، دون الإخلال بالبعد الدينامي والحركي الذي يتحرك فيه هذا التصنيف، أو بعبارة أخرى يمكن القول إن التصنيف الإجرائي، رغم حدوده التنظيمية، قابل للتمدد والتوسع بما يتناسب مع الطبيعة البنيوية والتكوينية لاشتغال المُتخيَّل، لذلك يسترسل دوران في بناء مشروعه النظري في تتبع ما يقتضيه هذا المسار الدينامي من إجراء منهجي يعتمد ما يمكن وصفه بـ«التصنيف المتحرك» ذاك الذي لا تسلبه صفته القائمة على التحديد الآلي والمنهجي، سِمتَه الحية والتوالدية المتناغمة مع تصوره العام حول الخيال والمُتخيَّل؛ فإذا كان تتبعه لمسار الصورة – الوحدة البنائية الأولية للخيال – قد اعتمد على تصنيف ترسيماتها، وأنماطها الجامعة التي تلتقي فيها الأبنية الرمزية اللامحدودة، فإن هذا الطرح التصنيفي الحي والمتوالد والموسوم بطابعه الشمولي والكلي، سيشمل أنظمة المُتخيَّل بشكل عام، ويتتبع كيفيات توزعها ارتباطاً مع التصنيف السابق لتشكُّل الصور، وبهذا يقترح دوران نظامين أساسين يؤطران اشتغال المُتخيَّل:

** النظام النهاري:

يرتبط النظام النهاري في تصنيف دوران بمقولة الزمن، إذ

سيضيء هذا النظام عمق العلاقة الحقيقية والعميقة بالزمن من خلال تشاكلات كبرى تؤسسها ترسيمات وأنماط جامعة، تلتقي بدورها في فلك النظام النهاري الأكبر، هذه العلاقة تقوم على الصراع الدفين والعميق ضد قدرية الزمن المحتومة التي لا مفر للإنسان منها. وبذلك، تختلف طبيعة هذه العلاقة تبعاً لأشكال تلقي الإنسان واستيعابه الوجودي والأنطولوجي لهذه القَدَرية، ويصنف دوران هذه العلاقة بناء على موقفين مختلفين:

أ ــ الموقف السلبي الارتكاسي:

يكشف هذا الموقف علاقة الإنسان السلبية تجاه حتمية الزمن وتعاقبه، إذ تبدو سلطته قاهرة وجبارة تسلب الإنسان قدرته على التحدِّي والمواجهة لضعفه وارتكاسه، وفقدانه الطاقات الكفيلة بمواجهته، إنه موقف الضعف والاستسلام الذي يفر إلى عوالم رمزية للاحتماء من سلطان الزمن القاهر، والمتحكم في المصير الإنساني، وتؤطر هذا الموقف مجموعات من الصور الرمزية يمكن عرضها كما يلي:

ــ الرمـــوز الحيوانيـــة (ذاَت التشـــكل المتوحـــش خاصـــة) Symboles thériomorfes:

يتحدث دوران عن الحضور العميق للصور الحيوانية في المُتخيَّل الإنساني المشترك، إذ إنها تشكل تركيباً صورياً مهيمناً يألفه الإنسان منذ الطفولة، وتتأسس عليه التصورات التي يبنيها في علاقته بالعالم،

حتى إن الأبحاث التي أجراها بياجي حول عدد من الأطفال، تُحِيل إلى هذا الحضور الطاغي للحيوان في أحلامهم، دون أن يكونوا قد رأوها جميعها بالضرورة، فـ«كل الصور، هي بالفعل الصور الحيوانية الأكثر حضوراً واشتراكاً. يمكننا القول إنه منذ الطفولة ليس هناك شيء استأنسنا به أكثر من التمثيلات الحيوانية»[41].

تشكل هذه الرموز الحيوانية التي توحي بدلالات القهر والتسلط التي يمارسها تعاقب الزمن بالنسبة لدوران، أرضية أساساً تنبني عليها علاقة الإنسان بقدرية الزمن وحتميته الموحشة، ومن ثَمَّة فهي تؤطر بشكل عميق هذه الحركة الخاصة للفعل الخيالي، حيث تعود لجذورها العميقة تشكيلات الصور، وتلتقي دلالاتها حول النمط الجامع للحيوان، وتُحِيل هذه الصور إلى معاني الأذيَّة والافتراس، وأحياناً قد ترتبط بدلالات الحيوان الأليف، وعلى العموم، تحتوي هذه الرموز على شحنات دلالية قوية، يشحذها الإحساس العميق بالقهر والشر وفقدان القدرة على المواجهة، «هذا يعني بأن هذا التوجه ذا الطبيعة الحيوانية للخيال يشكل طبقة عميقة لا تستطيع التجربة أبداً أن نناقضها ما دام المُتخيَّل مقاوماً لما تفلّده التجربة»[42].

يربط دوران ما تُحِيل إليه هذه الرموز الحيوانية بما يحدث في تمثل الإنسان للزمن، ويرى أن القلق الذي يستشعره، يأتي من الدلالات التي تثيرها هذه الحركة السريعة والمزعجة لدى هذه الحيوانات، إنها الحساسية الوجودية للحركة السريعة، فـ«المحسوس العفوي لدى الحيوان، كما يصل للخيال بدون انحرافات أو تخصصات ثانوية، يتكون بواسطة رائز حقيقي: رائز المتحرك. بالنسبة للطفل الصغير،

وبالنسبة للحيوان نفسه، يأتي القلق من الحركة السريعة وغير المؤدبة. فكل حيوان متوحش، عصفور، سمكة أو حشرة، تعتبر حساسة للحركة أكثر من الحساسية من الحضور الشكلي أو المادي»[43].

هكذا يُحِيل تصور دوران لهذه الرموز الحيوانية، إلى هذه العلاقة المرجعية الضاربة في عمق الخيال الإنساني بين تمثل قوى الشر لدى الإنسان، وبين مُشيرها الرمزي الحيواني، إنها الرؤى السلبية التي تختزل الشعور بالقهر والأذى. «يمكننا التحقق مع لنغتون (Langton) أن الاعتقاد الكوني في القوى الشريرة مرتبط بالقيمة السلبية التي نعطيها للرمزية المتعلقة بالحيوان»[44].

– الرموز المعتمة: Symboles nyctomorphes

ترتبط هذه الرموز بمجموع الصور التي تنضوي تحت النمط الجامع للظُّلمة، ويقف دوران عند القيمة السلبية للعتمات، تلك التي تكرّس مشاعر الخوف والإحباط بما تنطوي عليه من وجوه مخيفة ومرعبة وسالبة للضوء، إنه المجهول اللامنكشف والمصحوب بما يُذكي رهبته ورعبه. وبذلك، فإن «النظرة المُعتِمة تُحْدِثُ دائماً رد فعل كئيباً في النفس»[45].

هذا الوجه السلبي للعتمة، يربطه دوران بالزمن، حيث ترتبط الرموز المعتمة بما يصاحبها من رعب ومجهول، بهذا الخوف المهول من الزمن، وبسلطانه القاهر المُفقِد لكل طاقات الدفاع والمواجهة المحتملة، إن العتمات كما يشير دوران تترك أثراً مخيفاً في الداخل،

وتقترن بأجساد وأرواح الوحوش والحيوانات المفترسة، وتَعارُض رموزها مع الضوء لا يمنع انخراطها ضمن النظام النهاري، إذ إن «هذا الخيال المتعلق بالعتمة المضرة، يبدو كأنه معطى أولي يضاعف الخيال المتعلق بالضوء والنهار. العتمات الليلية تشكل أول رمز للزمن»[46].

هذا الحضور الموحش للرموز المعتمة في النظام النهاري للمُتخيَّل ترتبط ضمنيا بصور الأشباح وبالأصوات المخيفة والمزعجة، بل فيها يحتد السمع، وتلتقط الأذن كل التفاصيل التي قد تبدو خافتة. يقول: «تيمة الهدير، الصراخ، «فم الظل» مماثل للعتمات، هنا يستشهد باشلار بلاورانس الذي يقول «الأذن يمكن أن تسمع أكثر مما ترى الأعين». الأذن هي إذن حاسة الليل»[47].

تجتمع الرموز المعتمة لتذكي هذا الموقف السلبي من الزمن، وهذا الخوف الخرافي من جبروته، فتستدعي الماء الداكن، وتربط مجراه بمجرى الزمن، فـ«الماء المظلم يعني «مستقبلاً وافر الرطوبة». الماء المتدفق مُرّ، دعوة للسفر بدون عودة: لا نستحم أبداً مرتين في نفس النهر والمجاري لا تعود للمنبع. الماء المتدفق هو صورة لما هو غير قابل للإلغاء»[48].

فضلاً عن ذلك، يربط دوران هذه القيمة السلبية للزمن، بالدم الآسن وما يرتبط به من شرور، وبخروج آدم وحواء من الجنة، وبالانعكاس المرآوي في الماء الذي يُضاعف الصورة المنعكسة للجسد، ويُحِيل إلى الصفة المضاعفة للرموز المُعتمة للوعي. «يجب أن نتوقف عند

تلاقي ثانوي، حيث سنجد مرآة متعددة التعريفات عن طريق الماء والشَّعْر؛ لأن المِرْآة ليس فقط باعتبارها وسيلة لإعادة الصور في الأنا، ورمز المزدوج العتمي للوعي، لكن باعتبارها مرتبطة كذلك بالزهو. الماء يشكل على ما يبدو المرآة الأصلية. ما يثير الانتباه أكثر في الرمزية القمرية لصور باشلار ينبع عند جواشيم غاسكي (Joachim Gasquet) أو عند جول لافورغ (Jules Laforgue)) من كون الانعكاس في الماء تستتبعه عقدة أوديب. أن تنعكس يعني بأنك أصبحت مثل أوفيلي Ophélie وبأنك شاركت في حياة الظل»[49].

كل هذه الرموز التي يوردها دوران، ويكشف من خلالها الموقف السلبي من الزمن وسلطته القاهرة، تُحِيل إلى هذا الإحساس الدفين باللاجدوى، وبعدم القدرة على الفعل أمام هذا المصير المرعب.

– الرموز السفلى: Symboles catamorphes

تشتغل على هذا المستوى ترسيمة السقوط بكل فروعها وبشكل محوري، حيث توجه مختلف الأبنية الرمزية التي تُحِيل إلى القلق المتجذر للإنسان تجاه الزمن، حيث يحدث التماهي الرمزي، بين حركة السقوط التي ترتد إلى الفعل الجسدي والفعل الجنسي في تجليهما، وبين مختلف صور الظلمة والقتامة التي تمثلها العتمات، ويعتبر دوران أن حساسية الطفل الوليد تجاه فعل السقوط، مردُّه إلى أثر الحركة السريعة التي ترافق وضعيات توجيه الجسد، بل إن هذا السقوط ذاته يعود إلى جذره الأول، المرتبط بصورة السقوط الأولى وبلحظة الولادة. يقول في هذا السياق: «لن يكون هناك فقط خيال

للسقوط، ولكنه كذلك تجربة متعلقة بالزمن وبالوجود، وهذا ما دفع باشلار إلى القول: نتصور بأن الاندفاع يكون نحو الأعلى، ونعرف بأن السقوط يكون نحو الأسفل»[50].

هذا القلق المزمن الضارب في جذور العمق الإنساني تجاه الزمن، يُحِيل الأبنية الرمزية التي يشحذها خيال السقوط، إلى تجربة زمنية، ويرتبط ارتباطاً عميقاً بصور العتمات، وبالقلق الذي تُحدثه الحركات السريعة والمزعجة، حيث يصبح للسقوط هذا الوجه السلبي المحيل إلى السقوط الداخلي، «السقوط مرتبط، كما يلاحظ ذلك باشلار، بسرعة الحركة وبالتسارع كما هو الشأن في العتمة، يمكن أن تكون تجربة أليمة أساسية وقد تشكل بالنسبة للوعي مكوناً دينامياً يشمل تمثل كل الحركة والمسار الزمني»[51].

ب – الموقف الإيجابي البطولي:

يقوم هذا الموقف على فعل المواجهة والتحدي، إذ يتحول الوجه الرهيب للزمن وسطوته الموحشة، إلى حافز حقيقي يستدعي التسلح بكل ما يمكنه أن يخرج الإنسان من جبروت هذا السلطان ومن قهره الطاغي، حيث تتراجع الاستكانة والارتكاس، لصالح المواجهة وتحدي الشرور والأخطار الممكنة، لذلك طبيعي أن تشتغل الرموز والصور المجسِّدة لهذا الموقف، وفق آليات تخييلية مغايرة تقوم على النقض من أجل البناء، وطبيعي أن يتم توجيه مُتخيَّل الزمن صوب وجهات جديدة تبنيها ترسيمات مُغايرة، تتناسب مع فعل التحدِّي الموجِّه لشبكات الصور ولعناقيدها المتداخلة. إننا أمام صورة الوحش

الزمني التي يتم تعديلها بشكل يفقد معه الزمن ومن ثَمَّة الموت، وحشته المخيفة والمرعبة، ويستدعي تبعاً لذلك مُتخيَّلاً مُغايراً له فاعلية علاجية تطهيرية، تحمل الذات على إضاءة الوجه المظلم للزمن «يمكننا معارضة نقطة بنقطة، الرمزية التماثلية المتعلقة بالهروب أمام الزمن، أو الانتصار على القدر، أو على الموت، مع الروائز، النماذج الأصلية، الرموز المُقَيَّمَةِ سلبياً والوجوه المُتخيَّلَة للزمن؛ لأن تصوير الزمن والموت ليس سوى تهييج يدفع نحو التعاويذ المطاردة للأرواح الشريرة، ليس سوى دعوة تخييلية نحو مباشرة العلاج بواسطة الصورة»[(52)].

إن المواجهة باعتبارها أساس هذا الموقف، لها دور محوري في توجيه الأنماط الجامعة والترسيمات التي تُشكِّل مركز جذب لنظام الصور. وبذلك، ستدور في فلَكٍ مُغاير تماماً لما يدور فيه الموقف السلبي من الزمن، وسنكون أمام نظام نقيض يقوم على ترسيمة الارتقاء بدل السقوط، وعلى النمط الجامع للنور بدل الظلمة والعتمة.

‐ الرموز الصاعدة/ ترسيمة الارتقاء:

يأخذ الوضع العمودي في هذا المستوى الرمزي، قيمة عالية وإيجابية يحظى فيها فعل الارتقاء والصعود بمكانة مهمة وسامِية، حيث يصبح هذا الفعل تجاوزاً فعَّالاً لكل أشكال السقوط المدمِّرة والرهيبة التي يُحدثها القلق الوجودي. إن الصعود هنا هو الملاذ، وهو الشرط الأساس لنجاح المواجهة ولتجاوز قهر الزمن، ثم إن الارتقاء إلى الأعلى وبلوغ السماء هو تحدٍّ صارخ للموت، ويربط

دوران سلسلة هذه الرموز بما يمثله الطائر من إحالة عميقة على العلو، مع تجريده من صفته الحيوانية، والتركيز على رمزية الجناح وارتباطه بالحركة أثناء فعل الطيران، فالجناح[53] هنا هو النواة الرمزية التي يتحلق حولها فعل الارتقاء والعلو، بما هو رغبة عميقة للسموّ. يقول في هذا الصدد: «يستمر الخيال في هذا المنحى الوضعي للجسد. فبعد الطقوس الشامانية المحفوفة بالغموض، رأى باشلار بعمق بأن الجناح هو وسيلة رمزية للتطهر العقلي. من هنا تأتي المفارقة المتمثلة في كون العصفور ليس منظوراً إليه باعتباره حيواناً إكسسواراً للجناح»[54].

تكمن البطولة هنا في التحدّي الصارخ للزمن، وفي تجاوز سطوة الموت، حيث يصبح فعل الارتقاء وتفعيل قيمة العمودية والهروب إلى الأعالي ومطاولة السماء، هروباً رمزياً من الموت، ويُصبح رمز الجناح إحالة حقيقية على فعل الطيران في حد ذاته، حيث إن تجريد الطائر من صفته الحيوانية، والإبقاء على الجناح في تجليه الحركي تمظهر رمزي للخلود ومواجهة قدر الموت. يقول دوران: «الجناح المُنحنِّل يُحِيل على الكعب عند المتصوفة التيبيتيين تماماً كما هو الحال عند إلهنا الغربي «ميركير»، وكما هو شأن الخيال في أعمال كيتس، بلزاك أو ريلكه. إن العصفور منزوع الصفة الحيوانية لفائدة الوظيفة. لذلك، نقول مرة أخرى إن الرمز لا يُحِيل على الاسم بل على الفعل، والجناح منسوب إلى الطيران، وليس بالتحديد جناح العصفور أو الحشرة»[55].

هكذا يخلص دوران إلى هذا الارتباط الوثيق لرموز الارتقاء

والصعود، بالرغبة الدفينة للإنسان في امتلاك العالم، وفي استعادة القوة المفقودة. وبذلك، تقف هذه السلسلة الرمزية على طرف النقيض من سلسلة السقوط والانهزام أمام سلطة الموت والزمن، وهي من خلال شبكاتها وتجسيداتها المادية المتمثلة في الجناح، وما ارتبط به من مُشيرات أخرى، تصبُّ في فعل العلو والطيران، كالسلم والقمم العالية والسهم، ورموز السلطان والصولجان وغيرها، تراهن على تحدِّي الزمن، واستعادة الأمان الوجودي وبلوغ درجات السمو والنقاء.

«إن ما يسم الرموز الصعودية هو هاجس استرداد القوة الضائعة، والحيوية التي تدهورت بسبب السقوط، ويتجلى هذا الاسترداد في ثلاثة أشكال قوية متجاورة تربط بينها رموز غامضة ووسيطة: يمكن أن تكون صعوداً أو انتصاباً نحو بُعْدٍ ماورائي للزمن، نحو فضاء ميتافيزيقي، حيث تصبح عمودية السُّلَّم، والأصنام والجبال المقدسة، الرمز الأكثر حضوراً. ويمكننا القول على هذا المستوى إن هناك غزواً لأحد مكامن الأمان الميتافيزيقي والأولمبي. يمكنه أن يتمظهر من جهة أخرى في صور أكثر إبهاراً مدعمة من طرف الرموز المتعلقة بالجناح وبالسهم، من هنا، فالصورة تتلون بسمة أقرب إلى الزهد، تجعل من رائز الطيران السريع، نموذجاً لتسامي اللحم والعنصر الأساسي لوساطة الصفاء»[56].

– الرموز المشهدية:

تقف سلسلة هذه الرموز على طرف النقيض من رموز العتمة، وهذا يستدعي ارتباطها الوثيق بالمرئي وبالعين باعتبارها أداته

الأساس، وبما يجعله ممكناً ومتاحاً، إذ يبرز النور بكل تجلياته الممكنة، وبكل فروعه الرمزية التي تصبُّ في معينه، لا سيما الشمس، ويرى دوران أن قيمة الشمس ــ باعتبارها معطى رمزياً أساساً في سلسلة هذه الرموز ــ تأتي بالدرجة الأولى من خاصيتها المضيئة التي تزيد من تثمين بُعدها الإيجابي، ومن اعتبارها نواة رمزية مهمة ضمن الموقف الإيجابي للنظام النهاري للمُتخيَّل، فـ«الصعود المضيء هو الذي يُقَيِّمُ الشمس بشكل إيجابي»[57].

من هنا تأتي القوة الإيجابية للشمس المشرقة، ولما تختزنه من عمق رمزي يُسعف في شحذ طاقة التحدي لقهر الزمن، بل إن هذه القوة الرمزية ترتبط كذلك بنقطة إشراقها؛ إن «الشرق مصطلح مليء بالدلالات الإيجابية في لغة الصائغ، والذي يسم بهذا الاسم لمعان اللؤلؤة، كما في الاصطلاح المسيحي أو الماسوني. فالمصريون والفرس، والمسيحيون كلهم يتجهون صوب الشرق للصلاة؛ لأن «الروح تتحرك وتتوجه نحو ما هو أكثر تميزاً» كما يقول سان أوغستان»[58].

فضلاً عن ذلك، يرى دوران أن سلسلة هذه الرموز المشهدية القائمة على القيمة الرمزية للنور، والمعتمدة بصفة خاصة على الشمس المشرقة، تتجانس وترتبط برموز الارتقاء، حيث يقترن الارتقاء بشكل تكويني بالنور، فـ«بعد التحديدات الدقيقة المتعددة للصعود ولضوء الأشعة الذهبية، ستصبح الشمس ــ لا سيما الصاعدة أو المشرقة ــ نزولاً بامتياز للقوى الأورانية آلهة الأقبية السماوية»[59].

هذه القيمة الرمزية المشهدية، تمثل بالنسبة لشبكات الرموز نواة تتجسد تجلياتها الخيالية من خلال المزج بين عناصر مختلفة تجتمع كلها حول هذه النواة، حيث يتم الربط بين الشمس والنور، والهالة والتاج وغيرها لتحقيق هذه المواجهة الإيجابية، ولتجاوز قهر الزمن وسطوته. «إن تشاكل الضوء والصعود سيتكثف من رمزية الهالة، كما هو الحال بالنسبة للتاج، وسيصبحان معاً، في رمزية الديني كما في رمزية السياسي، رقماً جلياً للتعالي»[60].

إذا كان دوران قد جعل للبُعد البصري مكاناً مُهمّاً ضمن مجال اشتغال هذه الشبكات الرمزية، من خلال الحضور الطاغي لرموز النور ولتجلياته المتعددة، فإنه انتبه كذلك إلى أهمية البعد السمعي، وإلى قيمته التي تأتي من هذا التناغم مع البُعد السابق في توليف سلسلة الرموز، وفي بناء شبكاتها اللامتناهية. وبذلك، فالكلمة في بُعدها السمعي لها تأثيرها البالغ والمسؤول بشكل حميمي على اشتغال عناقيد الصور، يقول دوران: «إذا كانت المبادئ البصرية والسمعية ـ الصوتية ثنائية ذات طبيعة تعويضية وسحرية للعالم، نكون قد تحققنا بأنها ستتضاعف من تلقاء نفسها بواسطة طاقة التجريد الذي تصدر عنها»[61].

ـ رموز الفصل المضاد:

ترتبط هذه السلسلة من الرموز، بنتائج التقاطعات المفترضة بين الشبكات السابقة وترسيماتها وأنماطها الجامعة، وبهذا تتطلب هذه السلسلة آليات اشتغال أخرى، يتم من خلالها احتواء بِنيات التشاكل

والتناقض في نفس الآن، بشكل يتم من خلاله الفصل بين مختلف العناصر المتداخلة والمتناقضة.

إن شبكات الرموز السابقة، تستدعي – تبعاً لتناقض الموقفين من الزمن – تناقضاً آخر على المستوى التخييلي، وكذا الرمزي، إذ تقف الترسيمات والأنماط على طرف النقيض مع بعضها البعض؛ السقوط/ الارتقاء، الظلمة/ الضوء، هذا الوضع يتطلب بنياتٍ رمزيةً جديدة تكون لها وظيفة الفصل بين الأضداد، أو بمعنى آخر وظيفة رمزية تطهيرية، تروم بلوغ حالة الصفاء والاحتماء. وبذلك، فالارتقاء يرتبط برموزه أو أسلحته الأساسية المتمثلة في السهم والصولجان وغيرها من الأسلحة المشابهة والهجومية ضد كل ما يجذب نحو السقوط. إن رمزية السلاح دفاعية وِقائية فاصلة بين الأضداد، تَوَّاقة للإعلاء والتطهير والإصفاء. وبذلك، فـ«السلاح الذي في حوزة البطل هو في نفس الوقت سلاح القوة وسلاح الصفاء، فالصراع يعكس من الناحية الأسطورية طابعاً روحياً أو بالأحرى فكرياً»[62].

يتمظهر النظام النهاري للصورة عند دوران من خلال وجوه متعددة، ومن خلال، تفاعله المختلف والمتناقض مع وجوه الزمن، إنه النظام الذي تبرز فيه التشاكلات الرمزية في حالاتها المتناغمة والمتناقضة، ورغم الفروع اللامحدودة للصور المنضوية تحت هذا النظام، فإن اشتغالها يخضع لطبيعته الحركية ولحدَّيه المتناقضين. وبذلك، تتنوع السلاسل الرمزية، وتتوزع بين الوجه المرعب والقاتم والمنهزم، وبين الوجه المضيء والإيجابي والمتحدي لجبروت الزمن وقدرية الموت. إنه النظام الذي تتجلى من خلال مُتخيَّله الرمزي أشكال القلق الوجودي، وآليات مواجهة قدرية الموت وقهر الزمن.

*** النظام الليلي للصورة:**

يظهر الوجه المختلف لنظامي الصورة عند دوران انطلاقاً من عنوانهما الرئيسين: النهاري/ الليلي، حيث إن شبكات الصور، وآليات اشتغال الترسيمات والأنماط الجامعة، تقوم في النظام النهاري على وجهين متناقضين تبعاً لطبيعة موقف الذات الإنسانية من القلق الوجودي تجاه الزمن، وتستدعي تبعاً لذلك طبيعة خاصة لهذا النظام، تقوم على خاصية النقض، إذ يُجابه النظام النهاري وجوه الزمن، ويختص بسلسلة الرموز الوقائية والدِّفاعية التي من شأنها تحقيق هذه الغاية. وبذلك، يشتغل المُتخيَّل في هذا النظام بشكل يُحيل إلى البطولة والتحدي، وإلى الارتقاء والتعالي باعتبارهما سُلَّماً لبلوغ أفق الصفاء والتطهير، ومن ثمَّة، فإن بنية الصراع هي التي تحكم تشاكلات الصور في هذا النظام، وهي التي تطبع علاقة الإنسان الوجودية بالزمن.

خلافاً لهذا المنحى، يشتغل النظام الليلي للصورة بشكل معاكس تماماً، إذ يتم فيه تجاوز بنية الصراع لصالح بنية المصالحة، حيث تشتغل عناقيد الرموز وشبكات الصور في منحى آخر مُغاير سِمتُه الألفة والحميمية، تلك التي يتم بموجبها تحويل الصور المرعبة والمهينة، والأنظمة الرمزية الموحشة والمحاربة، إلى مجرى آخر يعمل على احتواء هذا القلق الوجودي من الزمن، وعلى استدراجه بشكل أكثر ألفة وحميمية تُسقط البشاعة والرُّعب عن وجه الزمن، وتُخرِج الذات من وضعية الانهزام أو المواجهة. وبذلك، تشتغل الترسيمات والأنماط الجامعة على مستوى استبدالي تحويلي، تنخرط

فيه الذات في حالة تساكن وتناغم مع الحتمية القدرية، فالسقوط المدوي والمريع يتحول إلى نزول هادئ للأعماق، والارتقاء – باعتباره مواجهة بطولية – يتحول إلى انكفاء داخلي جواني، وتتحول صور العتمات المرعبة إلى مداخل ضرورية لبلوغ النور... وبذلك، تتخلص كل الرموز من قناعها المرعب والموحش المخيف، لتكشف عن وجه آخر أكثر ألفة وسكينة.

إن هذا الحضور الهادئ والحميمي للنظام الليلي، يأتي من قدرته على تحويل الصورة المُرعبة للعالم، هذه الخاصية التحويلية تستدعي اشتغال ترسيمات ورموز تتناغم مع هذه المصالحة يعرضها دوران كما يلي:

– رموز القلب Symboles d'inversion:

يُدرج دوران هذه الرموز ضمن ما يسميه بترسيمة المُضاعَفَة «redoublement» «هذا القلب المبني على مضاعفة النفي يعد مولداً لعملية مضاعفة لامحدودة للصور»[63].

من خلال هذه الترسيمة، يتم قلب قيم النظام النهاري بشكل جذري وشامل، لتنخرط شبكات الرموز في بناء تخييلي مُغاير قِوامُه المصالحة والألفة. وبذلك، تكتسب هذه الرموز من خلال خاصية التعريض أو التلميح euphimisme قدرتها على إعادة توجيه الأبنية الرمزية، لتُسقط الوجه المظلم لتجليها التخييلي، وتعيد تكييفه ضمن نسق حميمي ومتصالح؛ حيث تنقلب الرموز من الارتقاء – باعتباره

فعلاً خارجياً ترتبط شبكاته الرمزية بالمواجهة والفعل البطولي –
إلى النزول إلى الأعماق ومعانقة العالم الجواني، ويتحول السقوط
المرعب، إلى هبوط حميمي وهشّ، وضجيج النهار وأصواته
المزعجة إلى أنغام مؤنسة، و«يصبح الليل على العكس من ذلك
المكان المفضل للالتحام غير المفهوم، إنه متعة ديونيسية»[64]، والمياه
الآسنة إلى مياه دافئة، والجسد الأنثوي المهان إلى جسد معشوق، كما
يتم استبدال المشيرات الرمزية الأخرى كالجناح والسهم والصولجان
بالسمكة والحفر والغوص.

ويرى دوران أن الرومانسيين (تييك[65]، هيغو، نوفاليس.....)
أعادوا بناء القيمة الرمزية لليل ولخاصيته الحميمية، إذ تجسدت
عندهم خاصية القلب التي تحول من خلالها الليل من صفته المُوحشة
والمُرعبة، إلى مملكة للأمان والجمال.

إن «التعريض (euphimisme) في الصور الليلية تعد أكثر عمقاً
عند نوفاليس، فالليل يتعارض أولاً مع النهار الذي يختزله، لأنه ليس
سوى مجرد مقدمة، فيما تكمن قيمة الليل في (غموضه وفي كونه
مصدراً حميمياً للخواطر). ولأن نوفاليس استوعب جيداً على غرار
المحللين النفسيين الأكثر معاصرة، بأن الليل يرمز إلى اللاوعي،
ويسمح للذكريات الضائعة بأن (تنجلي في القلب) مثل ضباب المساء.
يعتبر الليل اشتهاء ناعماً للأموات، يستتبعه تقييم إيجابي للحداد
والقبر. الليل هو تلك المحبوبة الميتة (صوفي)»[66].

ويرى دوران أن البنى الرمزية للألوان، تختلف بشكل واضح؛

نظراً لما تقتضيه رموز القلب، حيث تم استبدال قيمها التي رسَّخها النظام النهاري بقيم أخرى، فإذا كانت ترسيمة الارتقاء ترتبط بالنور والبياض، فإن ترسيمة الهبوط تلونت بالألوان الليلية. يقول في هذا الصدد: «إذا كانت الألوان، في النظام النهاريّ للصورة، تُختصَر في بعض البياضات المزركشة والمذهبة، والمفضلة على إشعاع لوح الألوان الجدلية للوضوح الغامق، فإن غنى النظام الليلي قائم على الأطياف والجواهر»[67].

هذا التعريض التي يتم من خلاله تحويل خاصية البُنى الرمزية، كما انطبق على الألوان الليلية في تقابلها مع الوجه السلبي للعتمات، ينسحب كذلك على الأصوات، حيث ينقلب الضجيج المرعب والمزعج إلى أنغام مؤنسة. إن «التعريض (euphimisme) الذي يشكل الألوان الليلية في علاقتها بالظلام، ينسحب على اللحن في علاقته بالضجيج، فكما يعد اللون نوعاً من الليل الذائب، وتعد الصباغة مادة متحللة، يمكننا القول إن اللحن، والعذوبة الموسيقية التي تروق الرومانسيين كثيراً، تعد ازدواجية تعريضية للمدة الوجودية»[68].

3 – جانْ بورغوس.. شعرية المُتخيَّل:

جاءت مباحث جان بورغوس في بناء شعرية المُتخيَّل تثميناً لهذا التحوُّل النظري الذي واكب البحث في الظاهرة الخيالية، بالنظر إلى طبيعتها المتحولة، فرغم التقدم الذي أحرزته نظرية المسار الأنثروبولوجي لدى جيليبر دوران، فإن مجال البحث في الشعرية ظل مهيأً لعدد هائل من التأويلات والكشوفات التي لم تطلها نظرية

هذا الأخير، أو ضاقت عن احتواء فضائها المتجدد، غير أنها شكلت مع ذلك – من خلال معطياتها النظرية، وتصوراتها الإبستمولوجية – مرجعاً نظرياً أساساً ستنبني عليه شعرية المُتخيَّل، وقد ركز بورغوس في اعتماده على هذه الخلفية النظرية، على محاولة حصر مجال البحث في مناطق من شأنها الإحاطة الدقيقة بالمُعطى النصي بالدرجة الأولى، بعيداً عن الرؤية الشمولية التي تقتضيها أنثروبولوجيا المُتخيَّل، باعتبارها نموذجاً عاماً يسائل الظاهرة الخيالية في بُعدها النسقي العام.

إن الاشتغال على المعطى النصي – باعتباره أولوية البحث الشاعري – جعل بورغوس يولي أهمية كبرى للصورة، ويركز على ثقلها الإحالي والرمزي، بما هي مجال حيوي لانعطاء الدلالة في شكلها الانبثاقي المتوالد والمنبعث في كل لحظة تركيبية، إبداعية كانت أم قرائية، فبالقدر الذي ينهل فيه هذا الأخير من نتائج المسعى الأنثروبولوجي في مقاربته للظاهرة الخيالية، ومُتعلِّقاتها المرتبطة بشكل محوري بالصورة، يُمارس ما يمكن وصفه بالمسعى الانتقائي الذي يصبُّ في خدمة البحث الشاعري، ويُزيح عن مجاله كل مُشتتات الانتباه التي يفرضها الطرح النسقي والمقولي الشامل والعام عند دوران، ليبقي ما يمكن أن يفيده في تتبع آليات اشتغال الفعل الخيالي على المعطى النصي بالدرجة الأولى، بعيداً عن تحفيزاته الخارجية والتصنيفية الكبرى، ولتوضيح طبيعة العلاقة التي يقترحها بورغوس بين الأنثروبولوجي والشاعري، نُورِدُ ما يلي:

«إن ما يأخذه الشاعري من دروس الأنثروبولوجي، هو أنه، في

ميدان الصورة ينشد الكل إلى الكل، وأن لا شيء بدون دلالة، وأن انبثاق معنى ما يمكن أن ينتج عن توافق (اتفاقات) شبكة من الدلالات. فالصورة تطرح معناها الخاص ضمن عنقود الصورة الذي تشيده وتستقر داخله. لكنها بدورها تتعدل وتغير شكلها بواسطة الصور المحيطة بها، والتي تخرقها بدون توقف وترغمها على تحولات جديدة لتفتح الطريق دائماً للمعنى الآتي»[69].

يولي بورغوس عناية بالغة لتعالق الصور، ولانبناء مجالها الدلالي المتشابك القائم على تفاعلها التركيبي، وهو بذلك يؤسس شعرية المُتخيَّل على هذه السيرورة التفاعلية الحاصلة في حقل الصور، دون الاكتفاء بالنظر إليها معزولة ومحدودة في جملة، وهذا راجع إلى طبيعة المعطى الشعري بوصفه سيرورة متجددة، غير قابلة للتحديد والتأطير داخل بنية مغلقة ساكنة.

هكذا، يراهن بورغوس في بنائه لشعرية المُتخيَّل على الطبيعة الحيوية للصور، وعلى توالدها داخل الفضاء النصي، بما يؤكد طبيعتها الحرة المتمردة على كل الأطر الصارمة التي من شأنها إعاقة بعدها الحيوي المستمر، ومن ثَمَّةَ يُعسِّرُ هذا الأخير ــ رغم انطلاقه من المرجعية النظرية الأنثروبولوجية، ورغم التقاء البحث الأنثروبولوجي والشاعري في إقصاء الدليل من مجال اشتغالهما ــ على الوقوف عند شعرية الأثر، بعيداً عن تحفيزاته الخارجية والتصنيفية، كما يُراهن على إعادة تشكيل الصور، بدل الإقامة في أطر صارمة.

إن التركيز على الأثر الشعري، وحصر مجال البحث في الظاهرة

الخيالية في عالمه اللولبي المتوالد، جعل بورغوس يلقي الضوء على هذا البعد التركيبي الناظم لانبناء الصور، ولتفاعلها الحيوي من داخل المعطى النصِّي، وهو بذلك، يرفض البعد التصنيفي الذي سقط فيه جيلبير دوران من خلال نظام النمذجة، وتحديد الأقسام الكبرى لاشتغال الصور، وأنماطها الجامعة، وتفسيرها من خلال تعالقها بمختلف الخلفيات والحوافز الثقافية والبيولوجية والنفسية، وهذا غير مقبول في مجال البحث الشاعري في نظر بورغوس، لأن الاشتغال النصي للصورة هو ديدن البحث في الظاهرة الخيالية، وكل ما سواه معادلات خارج نصية، ومن ثمَّة لا يستقيم إسقاط المقولات الكبرى، ولا الأنماط الجامعة للمُتخيَّل على الظاهرة الشعرية، بالنظر إلى طبيعتها التكوينية الخاصة والمتجددة والمفاجِئة باستمرار، وفي هذا السياق، يتساءل بورغوس «أليس هناك تناقض، ليس ظاهرياً ولا طارئاً فحسب بين حد البنية كـ«مجموعة دينامية» أو «نسق من القوى المعارضة» وكلعب للأشكال في تحولها، يرفض أي وقوف في حالة وكذا أي إخلاص لأي معنى، وبين توزيع الصور، ضمن نمطية جامعة فيها بين الأنظمة التي تحجزها مسبقاً في معنى ما، أو على الأقل تحديد هذا المعنى؟»[70] .

هكذا، يفيد المنحى الإبستمولوجي الذي ينطلق منه بورغوس من التصور الأنثروبولوجي لدوران، مع الحفاظ على الحدود التي تُبقيه داخل مجال الشعرية، وداخل التفاعلات التي تستدعيها الصورة باعتبارها معطى نصياً تركيبياً غير معزول عن شبكاته العلائقية، «لأن ترجمة الصور الرمزية ووظائفها إلى معادلات مصنفة مسبقاً

يؤدي إلى اختزال انسجامها المتشعب، وكذا نسيان تنافراتها الأساسية والبنائية، في أمكنة محددة. وكل اختزال من هذا النوع لن يؤدي سوى إلى استعادة الصيغة الدلائلية للصورة، حيث تصير قابلة للتصنيف الثابت والحصر الشكلاني الجاهز، أي جعلها قابلة للتصريف في شفرة ناجزة»[71].

ومن ثمَّة يكون تجاوز التصنيف والنمذجة، ضرورة إبستمولوجية من شأنها الخروج بشعرية المُتخيَّل عن أي صِنافة معيارية، مُسلِّمةً بذلك بزئبقية العمل الشعري وبحيواته المتعددة، ومُعلنة وفاءها الكامل لجوهر الموضوع الشعري، ومدى قدرة الصور على التفاعل والتكتُّل من خلال بُعدها العلائقي، دون الانشغال بما يصوغه مُتخيِّلها على المستوى الأنثروبولوجي. وبذلك، تعلن شعرية المُتخيَّل مبدأ التجاور من أجل التجاوز في علاقتها بالمرجعية النظرية الأنثروبولوجية، لأن الذي يَهُمُّ الشاعري بالدرجة الأولى هو الأثر الشعري وحيوية نظامه الصوري.

سينطلق بورغوس في بنائه لشعرية المُتخيَّل من تصور خاص للصورة، يعتمد فيه على مبدأ التفاعل مع المباحث التي تناولتها دون الركون إلى نفس المنهج في تتبع آليات اشتغالها، فإذا كان المسعى الأنثروبولوجي متعلقاً براهنية الصورة، وبماضيها البعيد الضارب في عمق المشترك الإنساني، بما يَثِبي بتعلُّق فروعها وتشكيلاتها العنقودية بالجذر الأول السحيق، فإن القراءة التي تقترحها شعرية المُتخيَّل، تلاحق راهنية الصورة، ومستقبل حركتها التكوينية، والطبيعة الحاصلة من تفاعلها في نظام تركيبي حيوي يقدمها بوصفها سلسلة متشابكة

لا ينفك بعضها عن بعض. وبذلك، يظل الاختيار الذي يصدر عنه بورغوس في تتبعه لحياة الصور، وتعالقاتها الشعرية الجينية لصيقاً بالمعطى النصّي، بعيداً عن التفسيرات الخارجية التي تسقط في معيارية التصنيف، تلك التي يأباها الموضوع الشعري، والاشتغال الدينامي للفعل الخيالي المنتج له، كما يفيد بورغوس من «شعرية الصورة» عند باشلار، لكن دون الوقوف عند بُعدها الأحادي المعزول عن سلسلة الصور التي ينتجها النظام التركيبي، ومن ثمَّة لا تبحث شعرية المُتخيّل في الصورة، بوصفها مجالاً لتجلي الأحلام والاستيهامات الخاصة كما يرى باشلار، بل توغل في تتبع مجراها الحيوي وإيقاعها التشكيلي الدينامي في مجرة التركيب، وداخل الكون النصّي. وبذلك، لن يهتم البحث الشاعري بالمقاربة الموضوعاتية المتعلقة بالدوافع الخارج نصية، ولا بالطرح الدلائلي في حد ذاته بالنظر إلى تأكيده على البعد الخطابي لنسيج الصور الشعرية، ولكن بالإمكانات المحتملة التي تؤول إليها القراءة داخل هذا المخبَر النصي المُشتعِل والمُتفاعل.

تستقي شعرية المُتخيّل إذن من المباحث التي عالجت الظاهرة الخيالية، ما يثري المنظور الدينامي الذي تصدر عنه، والذي يُبقي العمل الشعري في فلكه النصّي الدائر، المتفاعل والمتناسل ضمن حركة لانهائية؛ فالكلمة تتحرر من وضعها الاستعمالي، ومن إطارها الدلائلي، لتنخرط في حياة جديدة يفرضها التركيب والواقع الجديد لحركة النص، ومن ثمَّة يتراجع الحدُّ اللساني الدلائلي للوظيفة الشعرية، لصالح السيرورة التركيبة للمعطى النصي، كما ينفلت هذا المعطى من كل ارتباط رَحِمي يُعيده إلى واقع قبلي نمطي، وينخرط

بدل ذلك في سيرورة جديدة مفتوحة على الآتي والممكن والمحتمل، فـ«بعد قطيعة الكلمة وقد صارت منتهية في ذاتها، تحصل قطيعة أخرى [شعرياً] يجريها توالي الكلمات منتظمة في تركيب لا يُحيل على فكر ما بل يصنع صورة أو سلسلة من الصور تحظى بمعان متعددة ومبدعة لواقع جديد»[72].

3.1 – الصورة/ الاستعارة/ الإبداعية/ الخصوبة:

في سياق تتبعه لمجرى اشتغال الفعل الخيالي، وآليات تشكُّل وتوالد الصورة بوصفها محور هذا الاشتغال، يبحث بورغوس في منطقة نشوء هذه العناقيد الصورية المتجددة والمنبعثة في كل انبناء نصي، ويرى أن البعد العلائقي، وإن كان موجوداً في عملية تكوينها، فإنه لا يخضع لقانون الانعكاس الذي يتقابل من خلاله عالمان متباينان؛ عالم الواقع وعالم الخيال، وإنما يحضر بوصفه تجسيداً للقاء فجائي انبثاقي بينهما يحدث عنه ولادة واقع صوري نصِّي لا يتوقف عن التجدد، ومن ثمَّة لا مكان في شعرية المُتخيَّل للصورة باعتبارها شكلاً أسلوبياً سحكوساً بقواعد قبلية، وبواقع سابق. هكذا، يقيم بورغوس حدوداً واضحة بين الطبيعة التكوينية للصورة، وبين اختزالها في التصور البلاغي والأسلوبي في حدود منطقية تلزمها بأشكال علائقية معيارية، قائمة على المُشابهة أو المعنى المجازي المستعيد ضمنياً للمعنى الحرفي الموجود سلفاً، والمُعَدّ للانحراف عنه، فالصورة في نظر بورغوس في تشكُّلها النصي الدائم أكبر من الاستعارة، وانبناؤها أشدُّ تعقيداً من أن يخضع لمعيارية المعطى

185

الموجود سلفاً، فهي لا تستعيد مُعطيات مدركة سلفاً كما هو الحال بالنسبة للاستعارة، ولا تنحرف عن معنى مُدرَك سابقاً، ولكنها تنبثق بوصفها واقعاً جديداً لم يكن من قبل، من خلال هذا اللقاء العجيب الذي يحدث على مستوى الفعل الخيالي بين معطيات الواقع الخارجي وبين اللاوعي، وهي بتعبير بورغوس «لا ترى الأشياء بكيفية مُغايرة، بل ترى أشياء مغايرة»[73].

لقد أفاد بورغوس من اعتراف باشلار وجيلبير دوران بالقدرات الإبداعية للصورة، وبعدم خضوعها للحدود الضيقة التي يفرضها البحث البلاغي، ليبحث في هذا التعدد اللامحدود للأمكنة التي ينبجس منها هذا الفعل الصُّوري النابع من المجال الحيوي والدينامي للفعل الخيالي، كما تُحِيل مباحثه من خلال شعرية المُتخيَّل، إلى سنده النظري القائم على نتائج علم النفس الأعماقي مع كارل يونغ الذي يُحِيل إلى هذه السيرورة الاحتمالية للصور في علاقتها مع المعطى النفسي، ليُراهن على إعادة بناء العلاقة بين آليات تشكيل الصورة، ويقف عند الحدود الفاصلة التي تميزها عن المعطى اللغوي الاستعاري، وتجعل منها فعلاً دينامياً مُتناغماً مع دينامية اشتغال الفعل الخيالي الذي ينتجها، من خلال أشكاله العلائقية المعقدة، وبذلك، يتخذ الفعل الخيالي في «شعرية المُتخيَّل» مسارات لامحدودة ولامتناهية يرسمها، ويُعيد رسمها في كل حين بالنظر إلى طبيعته الدينامية والحيوية، وتتناغم الصورة بوصفها ظاهرة نصِّية متحولة مع هذه الطبيعة الحيوية والدينامية.

إن التصور الذي يصدر عنه بورغوس، يجعل من النص الشعري

فضاء مفتوحاً تنخرط فيه عناقيد الصور في حالة من التوليد الدلالي اللامتناهي، وفي علائق متشابكة تسير نحو المُمكن والمُحتمَل، دون الركون إلى تنميط ناجز مردُّه إلى مُعطى قبلي، فالوضع في النص الشعري في حالة تجدد مستمر، ومن ثمَّة فإن أي اقتراب من هذا العالم الصوري يستدعي الاستعداد للانخراط في هذه الدينامية الحيوية، التي لا يحدُّها المُعطى اللغوي، ولا يكبح حركتها اختزال قرائي، فالنص الشعري حسب بورغوس، يختلف عن الأشكال التعبيرية الأخرى بالنظر إلى طبيعته القائمة بالأساس على التوليد الذاتي، وعلى الممكن والمحتمل، حيث تستدعي طبيعته الحيوية هاته، تفاعلات مستمرة بين المُعطى النصِّي والمُعطى القرائي، هدفها السفر إلى المجهول، ومحاولة القبض على ملامحه المتحولة باستمرار، كما أنه «فضاء يلعب داخله المُتخيَّل بكل طاقاته، حيث تصير الكتابة فضائية تجدد دلالاتها في الحجم volume الذي تشغله وتحييه في نفس الآن. هكذا يتميز (النص الشعري) بوضوح، ليس فحسب عن النص الإخباري informatif كناقل لرسالة يبثها، بل أيضاً عن النص الروائي أو الدرامي، حيث تركز الوظيفة الشعرية (في هذين الأخيرين) على التلفظ énonciation نفسه وتمنح اللغة بعضاً من السمك épaisseur لكن دون أن يتوقف أبداً عن إعطاء الامتياز للخطاب الخطي ولمعناه الوحيد»[74].

إن عالم الممكن والمحتمل الذي تقوم شعرية المُتخيَّل على تفاعلاته في البناء النصِّي الشعري - من حيث كونه مُعطى كتابياً وقرائياً في نفس الآن - هو عالمٌ رافض لكل تنضيد وتنميط مُسبق تخضع له

سيرورة النص وسيرورة القراءة، ومن ثَمَّة هل يرتبط الأمر ببحث أشكال العلاقة المفترضة بين «المجهول» و«المتحقق»، وببحث سُبُل مراودة هذا السيل الجارف من الاحتمالات للحصول على تحققاتها الدلالية والجمالية، أم إن الأمر يقتصر بناء على هذا الطرح الذي تتبناه شعرية المُتخيَّل، على الانخراط في عملية تعقُّبٍ لانهائي لعناقيد الصور، وعلى إركام دؤوب لا يتوقف، لدوالي الاحتمالات المتشابكة والمتوالدة في كل حين؟ ألا يُفضِي هذا المُحتمل النصي القرائي إلى متاهات ينجرف إليها النص في تكوينيته الذاتية، كما تنجرف إليها القراءة في تعقُّبها اللامشروط لهذا المُحتمَل، الذي كلما شارف على التحقق، تحول بفعل طبيعته التوليدية إلى مُحتمَل جديد؟ وهل ستصمد شعرية المُتخيَّل أمام هذا التحرر اللانهائي من كل تسييج من شأنه أن يضمن الانسجام والاتّساق للمُعطى النصّي والقرائي في نفس الآن؟

إن عمليات الإركام للاحتمالات المتناسلة في فضاء النص، لا تبدو منطقية، ولا تنسجم مع ما تستدعيه الأبنية النصية من تنزيل عالمها المتفاعل إلى حيّز الكشف والمقاربة، كما أن تعقُّب المُحتمَل بوصفه غاية قرائية لامتناهية، قد يسقط في عبثية التناول، ويُخرج فضاء النص المنفتح بطبيعته عن مجال السيطرة، لأن الانفتاح النصّي، وإن كان خاصية تكوينية تنسجم مع آليات اشتغال الفعل الخيالي الحيوي، لا ينفي قابليته لتسييج يضمن انسجام عناصره البنائية، وتعالق مكوناته الصورية. هكذا، فإن القول بالمُعطى الاحتمالي اللامتناهي، جعل شعل شعرية المُتخيَّل تبحث في ما يمكن أن يحقق مبدأ الانسجام النصّي والقرائي أمام هذا الفيض الهائل من الاحتمالات «الأمر الذي يبدو

جلياً في تسييج الاحتمالية المطلقة للنص بمبادئ انسجام عامة ونوعية. وهو ما قد يوحي بنوع من التخلي – الضروري – عن الحماس الذي ينظر به بورغوس إلى الحركية الصيرورية، لفضاء النص الشعري، اللامتناهية أمام الزمنية المتناهية»⁽⁷⁵⁾، وبذلك، فإن القول بالاحتمالية التي يستدعيها فضاء النص الشعري، لا يمنع من أجرأة تبنيُنِها بشكل تتحول معه مُعطيات المجرى النصّي والقرائي من العبثية إلى الاتساق والانسجام، غير أن ما يقترحه بورغوس لتسييج مسارات البُنى النصية، ليس نمطاً ثابتاً ينسحب على كل النصوص، وإنما يخضع لهذا التفاعل المُتجدد بين المُتخيَّل النصّي والمُتخيَّل القرائي، وهذا ما ستعمل الترسيمات والموجهات التي سيقرحها على تأطير حركيته.

3.2 – ترسيمات المُتخيَّل وموجهاته الكبرى:

رغم انبناء تصوره النظري على المُمكن والمحتمَل في مسار توليف الصورة الشعرية وأشكال تلقِّيها، يعود جان بورغوس إلى اعتماد مفهوم «الترسيمة» بوصفها عاملاً تنظيمياً لأشكال التفاعل المُفترضة بين البُنى الخيالية الرمزية، حتى لا تسفط شبكات الاحتمال اللامشروط في عبثية لامنتهية، ومن ثمَّة لا يلبث النص – بوصفه فضاء مفتوحاً بامتياز، سواء على مستوى انعطائه الكتابي أم تلقِّيه النصّي – أن يحتاج لآليات إجرائية تنظيمية، من شأنها خلق توازنات مفترضة لهذا الممكن/ المحتمل المُهيَّأ حسب شعرية المُتخيَّل للتوليد المستمر. إن هذا العَوْدَ إلى مفهوم الترسيمة، يجعلنا نفترض أن مسارات المباحث التي عرضت للمُتخيَّل، تصطدم في طريقها

القرائي بما يُثيره الفعل الخيالي الدينامي من مفارقات، تتوزع بين التسليم بحريته اللامحدودة، واشتغاله الفُجائي الذي لا يُنبئ بالنتائج، وبين ضرورة تسييج آليات هذا الاشتغال، وإن بشكل حيوي يحفظ له ما يُبقي على طبيعته التكوينية الحيوية والحركية، والمُنسحِبة على ما يُنتجه مَخبَرُه الدينامي من شبكات لامحدودة من الصور، فهل تعجز النظرية وهي تُقارب آليات تشكل الفعل الإبداعي؟ وهل ينطبق عليها ما أقرَّته من نتائج، حيث تجد نفسها تخضع هي الأخرى – كما يخضع البناء الصُّوري الناجم عن نشاط الفعل الخيالي المتجدد – لاحتمالات لامحدودة ولامتوقَّعة، فتعود إلى اعتماد ما اعتبرته عائقاً أمام تجسدن هذه الطبيعة الحيوية القائمة على الاحتمال والتوليد؟

إن الترسيمة التي يقترحها بورغوس، بوصفها آلية إجرائية تنظيمية للحراك الاحتمالي في البُنى النصية الصورية، تختلف عن مفهوم «الرمز المحرك» لدى باشلار بوصفه صورة ذات جذور قديمة لاواعية، كما تختلف عن مفهومها لدى دوران، رغم اعتماده كسند مفهومي نظري، لأن آليات تبنيُن عناقيد الصور في أنثروبولوجيا المُتخيَّل، تعتمد على الرؤية القبلية القائمة على انبثاق سلالة الصور من صلب صوري ضارب في العمق والقِدم، مُتخفٍّ في النسيج اللاواعي للمشترك الإنساني، في حين تُراهن شعرية المُتخيَّل على المسار البَعدي لتشكل الصور، وتنطلق من راهنيتها وانفتاحها على الآتي والممكن، فالشاعري ينبغي أن يكون «ملتفتاً حول ما يمكن أن يكون، دون أن ينشد أبداً إلى المُتخيَّل ليرتب (في لائحة ما) مصادر وأسس ترسيمات النص، ودون أن يهمل هذه المصادر والأسس التي تضمن واقع النص، فهو لا ينسى هذا أبداً؛ إنه بالأحرى يطرح على

نفسه فحص كيفية توجه هذه الترسيمات، انطلاقاً من حاضر النص ومن الانبثاق الراهن للصورة، ومن إعادة ترهين قراءته، إلى عوالم من الإمكانات التي تشكل أيضاً حقيقته»⁽⁷⁶⁾.

إننا أمـام مفارقة الصعود والانــحـدار في الجهاز النظري المفاهيمي، حيث تُوغل أنثروبولوجيا المُتخيَّل في العمق القديم، وفي الجذور الأولى التي تشكل النواة التي عنها تنبثق فروع الصور، بينما تستشرف شعرية المُتخيَّل الآتي والمُمكن والمُحتمَل، في دراستها للأبنية الصورية التي تؤرقها أسئلة القلق الزمني، وتقصد من خلال راهنيتها المفتوحة على الآتي، الإجابة عن إشكالاتها المضنية.

باعتمادها على مفهوم الترسيمات، تنهل شعرية المُتخيَّل من التصور النظري لأنثروبولوجيا المُتخيَّل، غير أنها تولي الأهمية الكبرى لتركيب الصور الشعرية التوليدية للمعنى الشعري، وإذا كان اقتراح هذا التأطير الإجرائي من خلال الترسيمة المُحيلة على مفهوم النمط الجامع كما صاغه دوران، فإن هذا الاختيار المنهجي لا يفرض أي تسييج حتمي يُعيد عناقيد الصور إلى صورة أُمٍّ ضاربة في عمق المشترك الإنساني، وإنما يحفظ مع اقتراحه للتنظيم، خاصية التوليد الحر التي تحصل في هذه الشبكة الصورية، لكن كيف يمكن حل هذه المفارقة التي تُحِيل إلى أهمية الصور الأولية (النمط الجامع النواة)، بوصفها بؤرة تنداح منها عناقيد الصور (الفروع)، وتدعو في نفس الآن إلى اعتماد الرؤية الدينامية الحيوية التي تجعل تناسل السيرورات الدلالية من الصور الرمزية في النص الشعري، حرة توليدية تأبى كل تسييج أو تنميط؟

إن حل هذه المفارقة يأتي من طبيعة هذا الاختيار التنظيمي المنهجي، الذي تُراهن من خلاله شعرية المُتخيَّل على الهدف الإجرائي القاضي بتوليف حركية هذا التوليد المستمر، دون المساس بطبيعته التكوينية المؤسِّسة لعناقيد الصور، ومن ثمَّة لا يُحِيل النمط الجامع عندها إلى ترجيع يربط بالماضي، وبما ضرب في القدم من جذور الصور، بقدر ما يشتغل في وضعه التنظيمي، موازاة مع الرؤية البَعدية المستشرفة للآتي والممكن، حيث تصبح إمكانيات التحول مُتاحة باستمرار رغم هذا التسييج الإجرائي، من خلال التفاعل الدائم بين البُنى النصية والبُنى القرائية. وبذلك، يُصبح الذهاب نحو المحتمل والممكن المتجددين، ديدَن القراءة في شعرية المُتخيَّل، حيث لا يُعيد (النمط الجامع) إلى ماض عميق تنحدر منه الفروع الصورية، بقدر ما يُصبح «وسيلة ابتكار وضع جديد والذهاب نحو معنى ما، دون أن يكون نسقاً للتأويل يُحِيل على شفرة بعينها»[77]، ويقترح بورغوس ثلاث موجهات كبرى لتفعيل هذه النمذجة الإجرائية، ولاشتغال تركيب المُتخيَّل، حيث تَنتظم الوظيفة الرمزية للصورة في ثلاثة مواقف رئيسة من القلق الوجودي والتناهي الزمني:

* الموجِّهة الأولى: موجِّهة الغزو:

تعلن التمرد الشامل على السيرورة الزمنية، بشكل يصبح معه البناء النصِّي تمظهراً واضحاً لهذا التمرد على حتمية النهايات، وعلى سطوة القلق الوجودي، ويبدو ذلك من خلال احتواء الفضاء على مستوى الكتابة الشعرية، وملء مختلف أبعاده ومَضايقه بما يَشِي

بإحكام السيطرة الكاملة على الزمن، وتجريده من قوته الطاغية. وتُقابل هذه الموجِّهة ما يثيره دوران من مفاهيم المواجهة والبطولة، كما تنحدر عنها ترسيمات التوسع والانتشار والمضاعفة وغيرها مما يُمكِّن من إحكام السيطرة على الزمن والتمرُّد على جبروته.

* الموجِّهة الثانية: موجِّهة الرفض:

تواجه التناهي الزمني بالرفض المطلق القاضي بتجاهله، للاحتماء بأفضية حميمة جوانية لا تصلها يد الزمن، ويُصبح بموجبها الفضاء السِّري المغلق ملاذاً من هذه السطوة التي تُذكي القلق الوجودي، وتنحدر منها ترسيمات الهروب الجوانية والهبوط والمحو.

* الموجِّهة الثالثة: موجِّهة التقدم:

لا تنحاز للتمرد ولا للرفض المطلق، ولكن تختار المصالحة، بما فيها من قبول للتعاقب الزمني، ولنظامه الحتمي، فيكون السير إلى جنبه شكلاً من أشكال المصالحة، وتنحدر منها ترسيمات المجاري والتقدم والعَوْد والمجابهة.

إن ما تثيره هذه الموجِّهات وما ينحدر منها من ترسيمات، هو التقاؤها مع أنثروبولوجيا المُتخيَّل من خلال البعد التصنيفي الذي أثاره دوران في توصيفه لآليات اشتغال المُتخيَّل في النص الشعري، كما أن صيغة النَّمذجة ـ وإن كانت اختياراً إجرائياً تنظيمياً يروم ضمان الاستقرار البنيوي للنص الشعري في ظل حركيته وانفتاحه

المستمرين ــ تطرح السؤال حول إمكانية اللقاء المُفترض بين التسييج والانطلاق الحرّ لأوليات اشتغال البُنى الصورية، وما يتناسل عنها من معانٍ محتمَلة لا تتوانى في التجدُّد والتحوُّل المستمرين؟ وتفسر شعرية المُتخيَّل هذا التناغم بين التناقض الظاهر إجرائياً، بكونها لا تُخضع كل النصوص لهذه النمذجة، لأن لكل نص بناءه الخاص الذي يتكيَّف معه البُعد الصِّنافي، لتنسحب على مكوناته الإجرائية أيضاً هذه الخاصية الحركية المتحولة بلَبوس الأبنية الصورية الخاصة بكل نص، ثم إن ما يهمها هو ما ينجُم عن التفاعل بين مُتخيَّل الكتابة ومُتخيَّل القراء في كل لقاء نصِّي جديد، بعيداً عن كل تصنيف مُهيَّأ للتنفيذ الآلي، فضلاً عن كونها تروم كشف «الكيفية التي تبدع بها الصور، مهما كانت دوافعها وخارج كل التخوم، فما هو محتمل سوف يستدعى بنفسه ليصير واقعاً(..)»⁽⁷⁸⁾. وتتفرع عن هذه الموجِّهات ثلاثة أنماط كبرى لتركيب المُتخيَّل:

أ ــ كتابة التمرد ونظام النقض:

ينتظم هذا النمط التركيبي حول المُوجِّهة البنائية الأولى التي تقوم على الغزو والتمرد على نهائية الزمن، وعلى القلق الوجودي الأبدي، حيث يمكن توصيف اشتغال هذا النمط بكونه يرُوم توطيد الاتصال بالفضاء النصِّي انطلاقاً من كل بياضاته، ويشغَل حيِّزه الكامل كصيغة رمزية للامتلاك والحيازة، وذلك لإحكام السيطرة على الزمن، وللتحكم في تعاقبه وحتميته المزعجة، وتُهيمن فيه رموز المواجهة والهجوم والطيران.

ب ــ كتابة الرفض ونظام التعريض:

ينتظم هذا النمط التركيبي حول الموجِّهة البنائية الثانية، حيث يصبح الاحتماء بالأفضية الجوانية، والرُّكون إلى الانغلاق والسِّرية والحميمية، سبيلاً للرفض المطلق لسيرورة الزمن التعاقبية، وللهروب من سطوته الجبارة، ويتجسدن البناء النصي من خلال هذا النمط في أبنية صورية تتجه نحو انغلاق النص، ونحو تأمين الاحتماء من خلال صيغ كتابية حميمية.

جـ ــ كتابة الحيلة والنظام الجدلي:

ينتظم هذا النمط التركيبي حول المُوجِّهة البنائية الثالثة التي تختار التَّقدم، حيث يفقد الزمن فيها سلطته القاهرة والمرعبة، وتنخرط الأبنية الصورة في تناغمٍ جدلي قائم على المُسايرة، وعلى قبول الزمن بكل توصيفاته الطبيعية والتعاقبية. وبذلك، لا تلتفت الأبنية النصِّية لعوامل الملء والاحتلال، ولا تبحث عن الاحتماء، بقدر ما تمسك بيد الزمن، وتسير في مسلكه التعاقبي، لكنها مع ذلك تُراهن على البقاء، رغم هذا القبول بالحتمية، ولذلك تتجه صوب التمويه والاحتيال بما يشبه التآمر الدفين، لتجاوز القلق الزمني المرعب، ولضمان البقاء. إنها حيلة الكتمان أمام الحتمية المرعبة، وأمام القلق الزمني المغلَّف بالمُصالحة المواربة. وتتمظهر الأبنية الصورية في هذه الكتابة في صُوَر النَّار المولدة، والعَوْد الأبدي والخلود.. إنها كتابة الحجب والكشف؛ حجب القلق، وكشف المصالحة، تروم انبناءً جديداً للزمن من خلال صيرورته وامتداده.

هوامش الفصل الثالث:

1 – Gaston Bachelard, La Poétique De L'espace, Les Presses universitaires de France, 3e Édition, Paris, 1961, p 9.

2 – Gaston Bachelard, La Poétique De La Rêverie, Les Presses universitaires de France, 4e Édition, Paris, 1968, p 10 – 11.

3 – Gaston Bachelard, La Poétique De L'espace, p 25.

4 – Gaston Bachelard, La Poétique De L'espace, P 8.

5 – Ibid, P 14.

6 – Gaston Bachelard, La Poétique De La Rêverie, P 11.

7 – Gaston Bachelard, La Poétique De La Rêverie, P 18.

8 – Gaston Bachelard, La Poétique De L'espace, p 8.

9 – Ibid, p 25.

10 – Gaston Bachelard, La Poétique De L'espace, p 13.

11 – Ibid, p 14.

12 – Ibid, p 15.

13 – Gaston Bachelard, La Poétique De La Rêverie, p 16.

14 – Ibid, p 23.

15 – Gaston Bachelard, La Poétique De La Rêverie, p 24.

16 – Gaston Bachelard, La Poétique De L'espace, p 25.

17 – العربي الذهبي، شعريات المُتخيّل، اقتراب ظاهراتي، مرجع سابق، ص191.

18 ــ محمــد نور الديــن أفاية، «المرموز المُتخيَّل نمـوذج جيلبير ديران»، مجلة الفكـر العربي المعاصـر، مركز الإنمـاء القومي، ع 52 ــ 53، أيَّـار/ حزيران، بيروت/ باريس، 1988م، ص23.

19 ــ نفسه، ص25.

20 ــ جيلبير دوران، الخيال الرمزي، ترجمة: علي المصري، المؤسسة الجامعية للدراسات والنشر والتوزيع، ط1، بيروت، 1991م، ص127.

21 ــ نفسه، ص121.

22 ــ Gilbert Durand, Les Structures Anthropologiques De L'imaginaire, Dunod, 11° ed, Paris, 1992, p 24.

23 ــ Ibid, p 25.

24 ــ Gilbert Durand, Les Structures Anthropologiques De L'imaginaire, p 25.

25 ــ Ibid, p 36.

26 ــ Ibid, p 27.

27 ــ Gilbert Durand, Les Structures Anthropologiques De L'imaginaire, p 29.

28 ــ Ibid, p 36.

29 ── Gilbert Durand, Les Structures Anthropologiques De L'imaginaire, p 61.

30 ── Ibid, p 62.

31 ── Ibid, p 63.

32 ── Gilbert Durand, Les Structures Anthropologiques De L'imaginaire, p 62.

33 ── Ibid, p 63.

34 ── Ibid, p 63.

35 ── Gilbert Durand, Les Structures Anthropologiques De L'imaginaire, p 47.

36 – Gilbert Durand, Les Structures Anthropologiques De L'imaginaire, p 47 – 48.

37 – Ibid, p 48.

38 – Gilbert Durand, Les Structures Anthropologiques De L'imaginaire, p.48.

39 – Gilbert Durand, Les Structures Anthropologiques De L'imaginaire, p 49.

40 – Ibid , p 51.

41 – Gilbert Durand, Les Structures Anthropologiques De L'imaginaire, p 71.

42 – Gilbert Durand, Les Structures Anthropologiques De L'imaginaire, p 72.

43 – Ibid, p 75 – 76.

44 – Ibid, p 88 – 89.

45 – Gilbert Durand, Les Structures Anthropologiques De L'imaginaire, p 98.

46 – Ibid, p 98.

47 – Ibid, p 99.

48 – Ibid, p 104.

49 – Gilbert Durand, Les Structures Anthropologiques De L'imaginaire, p 108 – 109.

50 – Ibid, p 123.

51 – Gilbert Durand, Les Structures Anthropologiques De L'imaginaire, p 123 – 124.

52 – Ibid, p 135.

53 – يعتمــد دوران على آراء باشـــلار في جعل فعل الارتقاء علواً رمزياً للذات. وبذلــك، يتخذ فعل التحليق مكانته الأكثر عمقاً إذ يصبح، وتصبح الرغبة في بلوغ

العلو والسمو أمراً حثيثاً يبحث لنفسـه عن معين رمزي يجسده الجناح »لا نطير لأن لديـنـا أجنحـة، نعتقد في وجـود الأجنحة لأننا طرنـا« Gilbert Durand, Les Structures Anthropologiques De L'imaginaire, p 144 – 145.

54 – Gilbert Durand, Les Structures Anthropologiques De L'imaginaire, p 140 – 143.

55 – Gilbert Durand, Les Structures Anthropologiques De L'imaginaire, p 145.

56 – Ibid, p 162.

57 – Gilbert Durand, Les Structures Anthropologiques De L'imaginaire, p 168.

58 – Ibid, p 168.

59 – Ibid, p 167.

60 – Ibid, p 169.

61 – Gilbert Durand, Les Structures Anthropologiques De L'imaginaire, p 177.

62 – Ibid, p 181.

63 – Gilbert Durand, Les Structures Anthropologiques De L'imaginaire, p 234.

64 – Ibid, p 249.

65 لقد أدرك تييك من خلال حدسه، دلالات القلب الكبرى لليل حينما قال »تنتشط مملكتنا وتزهر حينما ينشر الليل ظلامه على الموتى، نهاركم هو ليلنا«
Gilbert Durand, Les Structures Anthropologiques De L'imaginaire, p 249.

66 – Ibid, p 249 – 250.

67 – Ibid, p 250.

68 – Gilbert Durand, Les Structures Anthropologiques De L'imaginaire, 254 – 255.

69 – Jean Burgos, Pour Une Poétique De L'imaginaire, Editions Seuil,

Col. Pierre – Vivre, Paris, 1982, p 50 – 51.

70 – Jean Burgos, Pour Une Poétique De L'imaginaire, p 52 – 53.

71 – العربي الذهبي، شعريات المُتخيَّل، اقتراب ظاهراتي، مرجع سابق، ص273.

72 – Jean Burgos, Pour Une Poétique De L'imaginaire, p 35.

73 – Jean Burgos, Pour Une Poétique De L'imaginaire, p 75.

74 – Jean Burgos, Pour Une Poétique De L'imaginaire, p 86.

75 – العربي الذهبي، شعريات المُتخيَّل، اقتراب ظاهراتي، مرجع سابق، ص283.

76 – Jean Burgos, Pour Une Poétique De L'imaginaire, p 122.

77 – Jean Burgos, Pour Une Poétique De L'imaginaire, p 135.

78 – Jean Burgos, Pour Une Poétique De L'imaginaire, p 129.

خـاتمة

إن الإشكالات التي يطرحها المُتخيَّل، بوصفه مفهوماً إجرائياً حديث التناول في مجال الدراسات والأبحاث النظرية، دعتنا إلى مساءلة أصوله اللغوية، وتفريعاته الاشتقاقية التي ارتبطت بالخيال والتخييل وما تفرع عنهما من استعمالات نجم عنها توسيع الشبكة الدلالية، وتوزعها بين معانٍ متفاوتة، شملت الوهم والكذب والخداع، والشكل والهيئة والظل والظن، وغيرها مما يثيره هذا الاستعمال من معاني الانحراف عن اليقين الذي يقتضيه النظر العقلي، والذي يشي بالرؤية الدونية التي لا ينجم عنها غير التشويش على النظر السليم. وبذلك، ظلت هذه الجذور اللغوية بعيدة عن سلاولة السقف الدلالي المحيل إلى فاعليته وقيمته.

لطالما ارتبط هذا المفهوم بأصوله ومرجعياته الفلسفية، فقد انتبه الفلاسفة المسلمون إلى الأثر الذي يحدثه فعل التخيُّل في النفس، وإلى فاعليته وأهميته، متأثرين بما أصّلته المباحث الفلسفية اليونانية – لا سيما مباحث أرسطو – رغم ما أثارته عمليات النقل من اليونانية إلى العربية من تعدد مصطلحي واضح، حيث انشغلت هذه المباحث

الفلسفية بالكشف عن قدرة التخيل على التأثير في النفس، وبما ينجم عنه من حالات سلوكية تكشف عن سحر هذه القوة النفسانية المسؤولة عن التخيل، وعن عجائبها اللامحدودة. لقد كشفت أبحاثهم عن أشكال التعالق الناظمة للمباحث النفسية والنظريات الشعرية، واعتمدت تصوراتهم حول الشعر على المحاكاة بوصفها نواة العملية التخييلية التي تتفرع عنها مختلف الأبنية الصورية، وإن كان وعيهم أعمق بالجوهر التخييلي للشعر رغم انبناء تصوراتهم على الطروحات الفلسفية اليونانية، من خلال إثارتهم هذا اللقاء الجمالي بين الشاعر والمتلقي، بما يقتضيه من تفاعل حيوي مفترض لا يقف عند مجرد محاكاة الأشياء الموجودة، فتعددت بذلك إبدالات المفهوم لديهم، وتقاطعت مع المكونات البلاغية في مقاربتها للجوهر التخييلي للشعر، وهذا يُحيل إلى التعدد المصطلحي الذي طبع تصورات الفلاسفة للمسألة الشعرية بما يُنبِئ بطبيعته الشائكة والمهيأة للتمدد والتوليد المستمرين.

خلافاً للتصور العقلاني الطاغي على المباحث الفلسفية، والمنسحِب على رؤاهم للخيال والتخييل، سيرتقي المتصوفة بالخيال الإنساني إلى مراتب عليا محتفين بعظمة قوته، وبقدرته الهائلة على بلوغ درجات الحقيقة واليقين، لذلك ستنتفي عندهم كل مظاهر النقص التي أحاطت به، وسيصبح في تصورهم مركز الجذب التي تأتيه الحقائق من جهة مسلكه الذوقي المنفلت من كل قيد عقلي صارم، غير أن هذه الفتوحات المعرفية التي خاضها المتصوفة، ظلت رهينة الأحوال والمواجيد التي يجدها الصوفي، ولم تنتقل حرارتها لمجال

البحث الأدبي والنقدي، الذي ظل محكوماً بالنظر للنظرة العقلانية؛ إذ كان لسلطة المعيار أثر واضح في مسار البحث في الظاهرة الخيالية، وفي علاقتها بالأثر الشعري، ونظراً لطغيان النظرة العقلانية، ظل مسار البحث في الخيال وفي تفريعاته المفاهيمية منحصراً في كل ما يفتقد السند العقلي، حيث استأثرت المقبولية المنطقية باهتمام القدماء، وظل الفعل التخييلي مرتبطاً عندهم بالأصل الاستعاري، وقد شكلت مباحث حازم القرطاجني تحولاً فارقاً من حيث عمق التناول وجِدَّة الطرح القائم على مساءلة النتائج السابقة، وعلى استدراك ما فاتها، حيث أفاد في بناء نظريته من مباحث الفلاسفة المسلمين، لا سيما ما أثاره ابن سينا حول البعد السيكولوجي للتخييل الذي ظل غائباً في المباحث النقدية البلاغية. وبذلك، يصبح التخييل – بما هو جوهر الشعر وأساسه – غير مناف للحقيقة التي طالما جانبها في المباحث السابقة، لتتراجع في نظريته ثنائية العقلي والخيالي، ويجد الخيال في مباحثه قَدْره الذي يليق به بوصفه جوهر العملية الإبداعية، ثم إن مباحث حازم أثارت الانتباه لفاعلية القارئ ودوره في بناء الدلالة، لِيُحِيل بذلك إلى الطبيعة المتعالقة للأثر الشعري بوصفه معطى نصياً وقرائياً في نفس الآن. ورغم العمق الذي اتسمت به مباحث حازم القرطاجني، فقد ظلت مرتبطة بالشروط العقلانية التي تحصر الفعل الخيالي في حدود المقبولية العقلانية.

سيتراجع النظر في حدود الشرط العقلي في النظريات النقدية الغربية، وقد شكلت المباحث النظرية الرومانسية نقطة تحول فاصلة، راهنت على الطبيعة الحيوية للخيال، وعلى مكانته الجوهرية في

بناء الأثر الشعري، مستفيدة بذلك من المكانة العالية التي أعطاها كانط للخيال المتعالي، ومعتمدة على الذات الإنسانية بوصفها محور انبثاق الرؤى اللامتناهية، حيث ستعمل الرومانسية ــ من خلال تصورها النظري ــ على إعادة ترتيب العلاقة بين الذات والعالم والنص، وستُعيد الاعتبار لفضاء الداخل بوصفه فضاء جوانياً تنبع منه كل الطاقات الممكنة للفعل الخيالي، بعيداً عن كل تنضيد عقلي منطقي، وبذلك، سيفقد مفهوم المحاكاة، والتناول الاستعاري القائم على التمثيل والمشابهة وإعادة الإنتاج، قيمته في الطرح الرومانسي لصالح علاقات أخرى تتمثل في الإنتاج والتركيب والإبداع، حيث يصبح الخيال الشعري فعلاً سحرياً خلّاقاً، له طاقة تركيبية لامتناهية تسقط معها كل الثنائيات المتنافرة التي أثارتها المباحث العقلانية، وهذا ما استفادت منه المباحث الرمزية والسوريالية، مضاعفة بذلك سلطة الخيال، وقدرته على تجاوز الحدود.

مع الأطروحة الظاهراتية، سيتبوأ الخيال مكانة عالية، وسنفلت من الخضوع لمعيار الحقيقة والواقع، حيث سينسحب مفهوم القصدية الذي اعتمده المنظور الظاهراتي على تصورهم للخيال بوصفه وعياً قصدياً، وفعلاً بديهياً له استقلاليته عن مختلف الأنشطة الأخرى، لذلك راهن هوسرل على محورية الحدس في العملية التخييلية، وعن فاعليته في ملء الدلالة، فضلاً عن علاقته الجوهرية بمفهوم الاستحضار، وإن كان بهذا المفهوم يعيد إثارة مفهوم إعادة الإنتاج الذي رسّبه الطرح المحاكاتي. وبذلك، ظل تصوره للخيال الإبداعي الحر مشوباً بالغموض، وهو ما ستعمقه المباحث اللاحقة مع جان

بول سارتر وإدوارد كيسي، حيث سيستبعد الأول مفهوم الاستحضار، وسيركز على مفهوم التحييد باعتباره جوهر الفعل الخيالي، غير أنه يجعله مطابقاً للاواقع، ويقذف به إلى منطقة العدم، إذ هو بهذا المعنى تجلٍّ لموضوع كان معدوماً من قبل، ومن ثمَّة تطغى النظرة السلبية على آليات اشتغال الفعل الخيالي، وتصبح الصور مجرد فعل انعكاسي سلبي. هذه النظرة هي التي سيحاول إدوارد كيسي تجاوزها من خلال تبني تقسيم إجرائي يتتبع مستويات اشتغال الفعل الخيالي بشكل يكشف عن مساره التصاعدي، وعن تدرجه من البساطة إلى التعقيد. وبذلك، سيكون الاكتفاء بالمستوى الأول المرتبط بالانعكاس المباشر لمعطيات الحس، تبخيساً لطاقات هذا الفعل، وحصراً لها، وهي عصية بطبيعتها الحيوية على الحصر والتحديد. هكذا استطاع هذا الأخير سد الثغرات التي خلفتها التصورات السابقة، وفتح المجال لرؤى جديدة ستفتح مناطق أخرى غير مأهولة في المجال الحيوي للفعل الخيالي.

سيعلن البحث في نظرية المُتخيَّل عن تحولات لافتة، وسيتجلى ذلك في التَّحول الفارق الذي أحدثته مباحث غاستون باشلار، حيث شكلت الصورة الشعرية مُنطلَقه الأول في إرساء نظريته حول الخيال، مُعتمِداً على الطرح الفينومينولوجي، مع التأكيد على أن فاعلية الصورة تكمن في قدرتها على الإدهاش والتجدُّد، من خلال ربطها بعوالم الحُلم، وموازاة مع هذه الطبيعة المتجددة، تنخرط اللغة ─ بوصفها الحامل الأساس لشبكة الصور ─ في سيرورة هذا التحول، لتعلن عن نفسها في كل حضور جديد، بعيداً عن صفتها الساكنة

والمعيارية، ومن ثمَّة تتمتع حركتها باستقلالية تامة، تنفي أي ارتباط قسري لها بالمُعطى الخارجي، فضلاً عن ذلك، احتفى باشلار – ضمن تصوره الفينومينولوجي – بفاعلية القارئ، وبقدرته على تثوير طاقات الصور الواردة عليه، هذه الصور التي يجد لها تعالقاً عميقاً بعوالم الحلم، لا سيما الحلم النهاري، لتنبثق عن هذا التناغم شبكات لامتناهية من الصور. وبذلك، أسس هذا الأخير علاقات جديدة وفاعلة بين المعرفة العلمية والمعرفة الخيالية، تقوم على التوازي والتناغم بدل التعارض.

تواصلت التحولات التي طبعت مقاربة الظاهرة الخيالية في المباحث النقدية اللاحقة، فعلى أساس العلاقة المتناغمة بين العلمي والخيالي، سيبني جيلبير دوران نسقه النظري، معتبراً طروحات باشلار لحظة إبستمولوجية فارقة، مهدت لهذا التناغم بين مختلف المكونات البانية للصَّرح المعرفي، ومُستفيداً من مشارب مرجعية متنوعة مكَّنته من تجاوز الرؤى الأحادية والمعيارية، القائمة على نسبة الحقائق للنظر العقلي دون سواه.

ولمقاربة الظاهرة الخيالية، سيقف دوران عند الاختلاف الجوهري القائم بين الدلالة الرمزية والمعنى الدلائلي، معتبراً الصورة خارج تصنيف العلاقة الاعتباطية، لكونها أكثر عمقاً من أن تُحصَر في هذا الأفق الضيق بالنظر إلى طبيعتها التوليدية والمتجددة، وأكثر شمولية من أن تُختزَل في كونها انعكاساً لأصلها الليبيدي كما في التحليلي النفسي، لذلك وجدناه يبحث في العمق الذي يجعل شبكاتها اللامحدودة، تُلامس المُشترك الإنساني الضارب في القدم.

يقترح دوران من خلال أنثروبولوجيا المُتخيّل ما سمّاه بالترسيمات والأنماط الجامعة، حيث يعتبر النمط الجامع بمثابة مُولّد أصلي تتفرع عنه شبكات الصور والرموز، ويجد هذا المفهوم جذوره في التحليل النفسي الأعماقي لدى يونغ من خلال ما سماه «بالصورة الأولية»، حيث ستخضع شبكات الصور لهذا النمط الجامع المُتَّسم باستقراره الكبير بوصفه أصل الفروع الصورية التي ينتجها الفعل الخيالي، وحرصاً منه على توخِّي النظرة الشمولية الكلية، اقترح دوران ما سمَّاه بالمُهيمِنات الأنثروبولوجية وربطها بمختلف التمثيلات الرمزية لدى الإنسان. وبذلك، وقف من خلال نظرية المسار الأنثروبولوجي، على التعالق الطبيعي بين المكوِّن البيولوجي والمكوِّن الثقافي، من خلال تصنيفه لعدد من المهيمنات الأنثروبولوجية المُحدِّدة للتمثيلات الرمزية الشاملة لدى الإنسان. ويسترسل دوران في بناء مشروعه النظري باقتراح نظامين أساسين لاشتغال المُتخيّل، يؤطران علاقة الإنسان بقدرية الزمن هما: النظام النهاري من خلال موقفيه السلبي/ الارتكاسي، والإيجابي/ البطولي بما يقتضيه كلُّ صنف من وجوه الخوف والاحتماء، أو المواجهة والتحدِّي، والنظام الليلي الذي يميل إلى المُصالحة، ونُجاور أشكال الصراع، لتنخرط شبكات الصور في نظام قلبٍ شامل، تتحول معه كل الرموز من وجهها المرعب، إلى تجلٍّ أكثر ألفة وحميمية. غير أن هذا الاختيار التصنيفي يطرح السؤال حول إشكالية التنميط، ومدى استجابة طبيعة البُنى الصورية لهذا الحصر العائد إلى جذر قديم مشترك، لا سيما وأن التصور النظري لدوران يُراهن على انطلاقها وعلى طبيعتها التوليدية المتجددة، وهذا ما يجعل إمكانية الجمع بين الصيغتين صعبة وإشكالية.

هذا البُعد التصنيفي الذي اعتمده دوران، وإن كان ذا طبيعة إجرائية تنظيمية تَرُوم حصر مجال اشتغال المُتخيَّل دون المساس بطبيعته الحيوية التوليدية، سيجعل مجال البحث في الظاهرة الخيالية يتسع لمقاربات جديدة، تُسائل مدى فعالية نظام النمذجة، ومدى ارتباط الطبيعة التوليدية للصور بنمط مُحدِّد هو أصل كلِّ التفريعات الصورية، لذلك ستنطلق شعرية المُتخيَّل مع جان بورغوس من الأساس النظري لنظرية المسار الأنثروبولوجي، وسيكون الأثر النصِّي محور الاشتغال بالنظر لطبيعته الحيوية، غير قابل للخضوع لنظام النمذجة التي تُسقطه في التصنيف المعياري، لذلك، سينطلق بورغوس في بنائه لشعرية المُتخيَّل، من الاحتفاء براهنية الصورة، وبمستقبلها المفتوح على التجدد المستمر، متجاوزاً بذلك المسعى الأنثروبولوجي الذي يبحث في ماضي الصور، وفي جذورها الضاربة في عمق المشترك الإنساني، ومنفتحاً على الآتي والمُمكن والمُحتَمَل، ومن ثمَّة يُراهن في تشكل الصورة على بُعدها الحيوي، وعلى انبثاقها بوصفها مُعطى جديداً مفتوحاً على آفاق دلالية لامحدودة.

ورغم رفض بورغوس لهذا المنحى التصنيفي في نظرية المسار الأنثروبولوجي الذي يحصر عناقيد الصور في صورة رحِمية هي الأصل لكل فروعه، يصل به مسار البحث في الصورة، وفي آليات اشتغال الظاهرة الخيالية، إلى الرُّكون لنمذجة جديدة من خلال اقتراحه ترسيمات وموجِّهات كبرى للبُنى الخيالية الرمزية، حيث تتفرع عن هذه الموجهات ثلاثة أنماط كبرى لتركيب المُتخيَّل تتمثل في: كتابة التمرد ونظام النقض، كتابة الرفض ونظام التعريض، كتابة

الحيلة والنظام الجدلي، غير أنه يبرر هذا التصنيف الإجرائي بكونه لا يُخضع الصور لنمط ثابت ومستقر، وإنما يجعلها مهيأة للتحول المستمر من خلال التفاعل بين النص والقراءة، مما يطرح السؤال مُجدَّداً عن مدى قابلية الأبنية الرمزية والصورية لهذا التوجيه، رغم إقرار النظرية بطبيعتها الحيوية والتوليدية المنفلتة من أي قبض كان. فهل يقود مسار البحث في الظواهر إلى التسليم بإشكالية العلاقة بين النظرية والممارسة، وبمدى تشابك الأبنية الصورية، وصعوبة القبض على المجال الحيوي الذي يحيا فيه الفعل الخيالي؟؟

المصادر والمراجع

*** المصادر**

– أبــو نصر الفارابي، رســالة في قوانين صناعة الشــعراء للمعلــم الثاني، ضمن كتاب فن الشعر، أرسطو طاليس، ترجمة وتحقيق: عبد الرحمــن بدوي، مكتبة النهضة المصرية، القاهرة، 1953م.

– ابن رشــد، تلخيص كتاب أرسطو طاليس في الشــعر، ضمن كتاب فن الشعر، أرســطو طاليس، ترجمة وتحقيق: عبد الرحمن بــدوي، مكتبة النهضة المصرية، القاهرة، 1953م.

– ابن رشــيق القيرواني، العمدة في محاســن الشــعر وآدابه ونقده، تحقيق: محمد محيي الدين عبد الحميد، ج1، ط5، دار الجيل، دمشق، 1401هـ/1981م.

– ابن ســينا، الشــفاء، الطبيعيات، تحقيق: محمود قاســم، دار ذوي القربى، ط1، 1430هـ.

– ابن سينا، ضمن كتاب فن الشعر، أرسطو طاليس، ترجمة وتحقيق: عبد الرحمن بدوي، مكتبة النهضة المصرية، القاهرة، 1953م.

– ابن ســينا، عيون الحكمة، تحقيق: عبد الرحمن بدوي، دار القلم، ط2، بيروت، 1980م.

– ابن منظور، لسان العرب، دار صادر، ج11، بيروت.

– أبــو عثمــان عمرو بن بحر الجاحظ، كتاب الحيوان، تحقيق: عبد الســلام محمد هــارون، مكتبة ومطبعة مصطفــى البابي الحلبي وأولاده بمصــر، ط2، القاهرة، 1385هـ/1965م.

ـ أبو نصر الفارابي، كتاب السياسة المدنية الملقب بمبادئ الموجودات، تحقيق: فوزي متري نجار، دار المشرق، ط1، بيروت، 1964م.

ـ أبو يوسف يعقوب بن إسحاق الكندي، رسائل الكندي الفلسفية، رسالة الكندي في حدود الأشياء ورسومها، القسم الأول، تحقيق: محمد عبد الهادي أبو ريدة، ط2، دار الفكر العربي، القاهرة، 1950م.

ـ أبي زيد محمد بن أبي الخطاب القرشي، جمهرة أشعار العرب، المطبعة الخيرية مصر، ط1، القاهرة، 1330هـ.

ـ أرسطو طاليس، كتاب النفس، ترجمة: أحمد فؤاد الأهواني، دار إحياء الكتب العربية، ط1، القاهرة، 1949م.

ـ حازم القرطاجني، منهاج البلغاء وسراج الأدباء، تحقيق: محمد الحبيب بن الخوجة، دار الغرب الإسلامي، ط3، بيروت، 1986م.

ـ رسائل إخوان الصفا وخلان الوفا، الجسمانيات الطبيعيات والنفسانيات العقليات، ج3، دار صادر، بيروت، بدون سنة.

ـ رسائل إخوان الصفا وخلان الوفا، المجلد الثاني، الجسمانيات الطبيعيات، ج2، دار صادر، بيروت، بدون سنة.

ـ عبد القاهر الجرجاني، أسرار البلاغة، تحقيق: محمود محمد شاكر، مطبعة المدني، القاهرة، (د.ت).

ـ محمد أحمد بن طباطبا العلوي، عيار الشعر، تحقيق: عباس عبد الستار، دار الكتب العلمية، ط2، بيروت، 2005م.

ـ محيي الدين بن عربي، الفتوحات المكية، السفر الرابع، تحقيق: عثمان يحيى، الهيئة المصرية العامة للكتاب، القاهرة، 1412هـ/1992م.

*** الكتب بالعربية:**

ـ يوسف الإدريسي، التخييل والشعر، حفريات في الفلسفة العربية الإسلامية، منشورات ضفاف/ الاختلاف، ط1، بيروت، 2012م.

ـ محمد عابد الجابري، العقل السياسي العربي، محدداته وتجلياته، مركز دراسات الوحدة العربية، ط4، آب/ أغسطس، بيروت، 2000م.

ـ العربي الذهبي، شعريات المُتخيَّل اقتراب ظاهراتي، شركة النشر والتوزيع، ـ المدارس ـ ط1، الدار البيضاء، 2000م.

ـ عبد الله الغذامـي، الخطيئة والتكفير مـن البنيوية إلى التشـريحية قراءة نقدية لنموذج معاصر، الهيئة المصرية العامة للكتاب، ط4، القاهرة، 1998م.

ـ محمد بنيس، الشـعر العربي الحديث 3، الشـعر المعاصر، دار توبقال للنشـر، ط2، الدار البيضاء، 1996م.

ـ محمد بنيس، الشعر العربي الحديث بنياته وإبدالاتها: 2 الرومانسية العربية، دار توبقال، ط3، الدار البيضاء، 2014م.

ـ عاطف جودة نصر، الخيال مفهوماته ووظائفه، الهيئة المصرية العامة للكتاب، ط1، القاهرة، 1984م.

ـ جابر عصفور، الصورة الفنية في التراث النقدي والبلاغي عند العرب، المركز الثقافي العربي، ط 3، بيروت، 1992م.

ـ جابر عصفور، مفهوم الشعر دراسة في التراث النقدي، الهيئة المصرية العامة للكتاب، ط 5، القاهرة، 1995م.

ـ محمود قاسم، الخيال في مذهب محيي الدين بن عربي، معهد البحوث والدراسات العربية، جامعة الدول العربية، القاهرة، 1969م.

ـ محمد مفتاح، الشـعر وتناغم الكون (التخييل ـ الموسـيقى ـ المحبة)، شـركة النشر والتوزيع ـ المدارس، ط1، الدار البيضاء، 2002م.

*** الكتب بالفرنسية:**

— Burgos Jean, Pour Une Poétique De L'imaginaire, Editions.Seuil, Col. Pierre – Vivie, Paris, 1982.

— Durand Gilbert, Les Structures Anthropologiques De L'imaginaire, Dunod, 11° ed, Paris, 1992.

— Gundolf Georges L'homme Romantique, Les Éditions Payot Collection: Bibliothèque scientifique, Paris, , 1984.

*** الكتب المترجمة إلى العربية:**

ـ رولان بارت، لذة النص، ترجمة: منذر عياشي، مركز الإنماء الحضاري، ط1، حلب ـ سوريا، 1992م.

ـ ليونارد جاكسـون، بؤس البنيوية، الأدب والنظرية البنيوية، ترجمة: ثائر ديب، دار الفرقد، ط2، دمشق، 2008م.

ـ أرسـطو طاليس، كتاب النفس، ترجمة: أحمـد فؤاد الأهواني، دار إحياء الكتب العربية، ط1، القاهرة، 1949م.

ـ هنـري كوربان، الخيــال الخلاق في تصوف ابن عربي، ترجمة: فريد الزاهي، منشورات مرسم، مطبعة أبي رقراق، ط2، الرباط، 2006م.

*** المجلات والدوريات:**

ـ محمـد نور الدين أفاية «المرموز المُتخيَّـل نموذج جيلبير ديران»، مجلة الفكر العربــي المعاصر، مركز الإنماء القومــي، ع 52 ـ 53، أيَّار/ حزيران، بيروت/ باريس، 1988م.

ـ حسن العوري، «الخطاب الشعري ووظائف التخييل عند القرطاجني»، حوليات الجامعة التونسية، ع57، منوبة ـ تونس، 2012م.

ـ جيلبيـر دوران، الخيــال الرمزي، ترجمة: علي المصري، المؤسسـة الجامعية للدراسات والنشر والتوزيع، ط1، بيروت، 1991م.

ـ شــكري محمد عياد، «المذاهـب الأدبية عند العرب والغربيين»، سلسـلة عالم المعرفة، ع177.

الفهرس